D1752484

Rabbiner William Wolff und seine Gemeinde

Abraham war Optimist

Mecklenburg Vorpommern
Ministerium für Bildung, Wissenschaft und Kultur

Stiftung Sparkasse Mecklenburg-Schwerin
in der Landeshauptstadt Schwerin

Dieses Buch wurde durch das Ministerium für Bildung, Wissenschaft und Kultur des Landes Mecklenburg-Vorpommern, aus Mitteln des Zukunftsfonds des Landes Mecklenburg-Vorpommern 2010 gefördert. Der Minister für Bildung, Wissenschaft und Kultur, Henry Tesch, übernahm die Schirmherrschaft.

Mit freundlicher Unterstützung der Stiftung der Sparkasse Mecklenburg-Schwerin in der Landeshauptstadt Schwerin.

Die Deutsche Nationalbibliothek verzeichnet diese Publikation in der Deutschen Nationalbibliografie; detaillierte Daten sind im Internet über https://portal.d-nb.de/ abrufbar.

© Hentrich & Hentrich Verlag Berlin, 2011
Inh. Dr. Nora Pester
Wilhelmstraße 118, 10963 Berlin
info@hentrichhentrich.de
http://www.hentrichhentrich.de

Grafik: Felix Conradt, www.interimblau.de
Druck: druckhaus köthen

1. Auflage 2011
Alle Rechte vorbehalten.
Printed in Germany
ISBN 978-3-942271-15-8

Herausgegeben und fotografiert von Manuela Koska-Jäger

Abraham war Optimist

HENTRICH & HENTRICH

Widmung

Dieses Buch ist der Jüdischen Gemeinde Schwerin, ihren Menschen, ihrer Kultur und dem Rabbiner William Wolff gewidmet.

Zum Geleit	10
Vorwort	12
Blessing Segen	14
Taja Zuchtmann	16
Jewish Identity Jüdische Identität	18
Kinderschabbat	22
Ich habe heute Gott gesehen...	24
Klara Kats	26
Heilung für unsere Wunden	30
Abraham war Optimist.	31
Nolik Baskin	32
Rettet jüdische Identität	34
Macht der Träume	42
Eduardas und Dmitriyus Fajeras	44
Uncertainty Ungewissheit	48
Ronny Yitzchak Rohde	50
Warum? Was weiter? Wohin?	52
Spurensuche in Amsterdam	56
Eva Weissmann	60
God in Heaven Gott im Himmel	64
Anastasia Sibirtseva	66
Ten Commandments Zehn Gebote	68
Verlauf der Zeit	70
Ein schweres Kapitel	72
9. November – schon vergessen?	74
Niemals vergessen	76
Gott und Leid	78
Wo war Gott in Auschwitz?	80
Wir, die Hinterbliebenden, die Kinder…	82
Is it True? Ist es wahr?	84
21. Juli 2010	86
Nach Auschwitz: Was es bedeutet, Jude zu sein	98

Inhalt

Alexander Trempel	102
Frieden	104
Georgiy Budaratskiy, Bar Mitzwa	106
Lichtstrahlen	108
Wissen über Gott	110
Sibylle Wolf	112
Ästhetik des Christentums	114
Freedom Freiheit	116
Orthodoxie	120
Der Zweck Gottes	122
Ich habe zwei Kulturen…	124
Hauch des Göttlichen und der Ewigkeit	126
Ein Zimmer mit roten Tapeten	128
Güte	130
Hope Hoffnung	134
Good People Gute Menschen	136
Etwas niedriger als die Engel	138
Geist Gottes	140
Chanukka-Konzert	144
Noah	146
Das missachtete Geschenk der Zeit	148
Hope Hoffnung	150
Ohne mich zu beklagen….	152
Schöpfung Natur	154
Traum und Glauben	156
Order Ordnung	158
Der Ewige regiert	160
Bitte, Bitte, Mehr als 120.	162
Vom Versöhnen	164
Hier sind wir heute	166
Rabbiner sind Mangelware	168
William Wolff Portrait	169
Aus der Geschichte der Jüdischen Gemeinde von Schwerin	170
Danksagung	172
Glossar	173

In Mecklenburg-Vorpommern genießen nur wenige Personen ein so großes und breites öffentliches Ansehen wie der Landesrabbiner William Wolff. Auch wenn er in seiner Bescheidenheit die Rolle als moralische Instanz vermutlich zurückweisen dürfte, so wird William Wolff dennoch – zu Recht – eine hohe natürliche Autorität zugesprochen. Insofern freue ich mich sehr, dass die Fotografin Manuela Koska-Jäger diesem außergewöhnlichen Menschen das vorliegende Buch gewidmet hat.

Die beispiellosen Verbrechen der nationalsozialistischen Diktatur haben zum Holocaust und damit zur fast vollständigen Vernichtung jüdischen Lebens in Deutschland geführt. Auch in der DDR sahen sich die nach 1945 reaktivierten jüdischen Gemeinden und deren Mitglieder staatlichen Maßregelungen ausgesetzt, so dass viele jüdische Mitbürger nach Westdeutschland flüchteten. Exemplarisch sei hier an den langjährigen Vorsitzenden der Jüdischen Landesgemeinde Mecklenburgs und ersten Präsidenten des Oberlandesgerichts Mecklenburg nach 1945 Rechtsanwalt Franz Unikower erinnert. Nach mehreren Amtsenthebungen und Inhaftierungen musste er schließlich 1956, um erneuter Inhaftierung zu entgehen, das Land verlassen. Er war wie viele Mitglieder jüdischer Gemeinden nicht bereit, die antizionistische Politik der DDR, die einseitig gegen den Staat Israel gerichtet war, zu unterstützen. In den frühen siebziger Jahren kam somit das jüdische Leben in unserer Region endgültig zum Erliegen.

Die friedliche Revolution in der ehemaligen DDR, die Wiedervereinigung Deutschlands haben für uns ganz neue gesellschaftliche und kulturelle Horizonte eröffnet. Kaum einem Bürger in Mecklenburg-Vorpommern ist es verborgen geblieben, dass ab 1992, wenn auch zunächst vorsichtig, wieder jüdisches Leben entstanden ist. Vor allem jüdische Bürger aus den Staaten der ehemaligen Sowjetunion wanderten nach Deutschland – auch nach Mecklenburg-Vorpommern – ein, um hier einen neuen Lebensmittelpunkt zu finden. Diese Tatsache stimmt mich freudig, sie macht mich vor dem Hintergrund der deutschen Geschichte aber auch demütig. Sie erscheint mir fast wie eine große Geste der Vergebung gegenüber der geschichtlichen deutschen Schuld.

William Wolff wurde am 22. März 2002 – nach über 60jähriger Vakanz – feierlich als Landesrabbiner in Mecklenburg-Vorpommern eingeführt. Mit seiner Bereitschaft, im fortgeschrittenen Lebensalter die Herausforderung anzunehmen, eine im Aufbau begriffene Gemeinschaft zu begleiten und in ihrer Religion nach liberalen Grundsätzen zu unterweisen, hat er nicht nur dem Landesverband der Jüdischen Gemeinden in Mecklenburg-Vorpommern, sondern der gesamten Gesellschaft einen unschätzbaren Dienst erwiesen. Als wahrhafter Lehrer leitet er nicht nur die jüdischen Gemeinden im religiösen Sinne, sondern ist ein vielgefragter Partner unserer Universitäten, Schulen, kirchlichen und gesellschaftlichen Einrichtungen.

Der inzwischen vielfach geehrte William Wolff ist durch seine Offenheit, seinen erklärten Willen zur Versöhnung und seinen geduldigen Umgang mit von Unwissenheit und Vorurteilen geprägten Argumenten zu einer prägenden Persönlichkeit unseres gesellschaftlichen Lebens und zu einer festen Autorität im Landesverband der Jüdischen Gemeinden geworden. Dieses Buch spiegelt den Geist und die Ergebnisse seiner Arbeit besser wider, als Worte dies können. Ich bin zutiefst dankbar für seine segensreiche Arbeit und wünsche mir von Herzen, dass er diese Arbeit noch lange fortführen kann.

Henry Tesch
Minister für Bildung, Wissenschaft und Kultur
Mecklenburg-Vorpommern

Zum Geleit

Vorwort

William Wolff begegnete ich das erste Mal im Mai 2009. Zu dieser Zeit begann meine ernsthafte Beschäftigung mit der Fotografie. Auf der Suche nach einer geeigneten, praktischen Auseinandersetzung mit der Portrait- und Reportagefotografie ging ich durch die Innenstadt von Schwerin. Es war kalt und noch nicht ganz hell. Ich beobachtete das geschäftige Treiben auf dem Wochenmarkt, als mir ein Mann auffiel. Er trug einen schwarzen Mantel, unter dem schwarzen Hut sah ich markante Gesichtszüge, wache Augen und ein wunderbares Lächeln.

Ich musste dieses außergewöhnliche Gesicht, diese Person fotografieren.

Es gelang mir, mit viel Glück und etwas Zufall, den »Fremden« einige Zeit später ausfindig zu machen, und als ich ihn dann wegen eines Fototermins ansprach, begegnete er mir offen und herzlich.

So entstand die Idee zu einer Bildreportage über den Menschen William Wolff. Ich merkte jedoch sehr schnell, dass dieser Mensch nicht isoliert von seiner Religion zu portraitieren war, bilden doch sein Judentum und seine Menschlichkeit eine untrennbare Einheit. Rabbiner William Wolff, 1927 in Deutschland geboren, doch seit Ende der dreißiger Jahre in England lebend, begleitet seit acht Jahren die jüdischen Gemeinden in Schwerin, Rostock und Wismar als Landesrabbiner und Seelsorger.

Und nun wurde ich, aufgewachsen in der Deutschen Demokratischen Republik und ohne Bindung an eine Religion, mit dem Judentum, seiner Geschichte, den Festen und Riten und dem heutigen jüdischen Leben der noch sehr jungen, 1994 wieder gegründeten, Jüdischen Gemeinde Schwerin und ihren Menschen konfrontiert.

Über ein Jahr lang durfte ich William Wolff mit der Kamera an viele berufliche und private Stätten im In- und Ausland begleiten. Er hat mich beeindruckt durch seine Weisheit und seine große menschliche Wärme, durch seine natürliche Freude und seine Bescheidenheit und nicht zuletzt durch seine Liebe zum Leben und zu den Menschen.

Im August 2009 reiste William Wolff mit den Sonntagsschülern der Gemeinde nach Amsterdam, um ihnen zu zeigen, wo Anne Frank und auch er einige Jahre dicht an dicht gewohnt hatten. Weder von Schwerin aus noch später in Amsterdam gelang es ihm, eine Sondergenehmigung für einen bevorzugten Einlass in das Anne-Frank-Museum zu bekommen. Nach einer langen Wanderung, mit Stadtplan, wobei der Rabbiner voller Energie den Kindern voranging, standen wir dann bei 40 Grad Hitze in der langen Besucherschlange, die sich vor dem Museum gebildet hatte. Niemand in der Schlange hatte nur annähernd das Alter des Rabbiners oder sah aus wie ein Rabbiner, und unseren Rabbiner konnte man als solchen wohl erkennen.
Alles was William Wolff dann sagte war: »So, und jetzt müssen wir Geduld haben. Aber ob ich die habe, weiß ich nicht.« Dann lachte er aus vollem Herzen, lange und laut.
Und wir freuten uns darauf, Geschichten von ihm zu hören, zum Beispiel wie er hier gelebt hatte oder wie er als Kind jeden Winter auf den Amsterdamer Kanälen Schlittschuh gelaufen war…

In jener Zeit konnte ich auch fotografische Eindrücke aus dem Alltag und dem Leben der Jüdischen Gemeinde in Schwerin sammeln. Es entstanden Portraits jüdischer Gemeindemitglieder, überwiegend bei ihnen zu Hause, die trotz ihres unterschiedlichen kulturellen und sprachlichen Hintergrunds ihre Religiosität in der Schweriner Gemeinde gemeinsam leben. Die Gemeinde besteht, bis auf zwei Schweriner Jüdinnen und einen Schweriner Juden, ausschließlich aus Zuwanderern der ehemaligen Sowjetunion.

Die Lebensgeschichten dieser Menschen, die nicht selten eine schwere Kindheit und Jugend hatten, haben mich beeindruckt.

Besonders aber waren es der Mut und die Lebenskraft von Klara Kats, die Sensibilität und die Freude von Nolik Baskin und allen anderen, die mich darin bestärkt haben, dieses Buch zu machen.

Die den Fotos zugeordneten Texte stammen aus Predigten und Briefen von William Wolff, die für die Gemeindemitglieder ins Russische übersetzt wurden. Sie wurden teilweise gekürzt, aber inhaltlich nicht verändert. Den Fotos sind des Weiteren Texte und Gedanken von Ronny Yitzchak Rohde zur Seite gestellt, einem Schweriner, der einen Monat nach der Deutschen Wiedervereinigung geboren wurde. Alle Portraitierten sprechen jeweils für sich selbst, über ihre persönliche Geschichte und ihr Jüdischsein.

Rabbiner Wolff denkt in Englisch, spricht und schreibt Deutsch, beherrscht fließend Holländisch und Französisch. Seit acht Jahren nimmt er Einzelunterricht in Russisch und leitet auch Gottesdienste auf Russisch und Hebräisch. Seine Lebensgeschichte und sein hohes Alter spiegeln sich auch in seiner Sprache wider, die nicht immer den gültigen grammatikalischen Regeln folgt. Obwohl, wie er selbst sagt: »Ich bin mir nicht sicher, dass mein Alter an meiner mangelnden deutschen Grammatik Schuld hat – wohl die Tatsache, dass ich bis vor acht Jahren nie in Deutschland gelebt habe – außer meinen ersten sechs Lebensjahren – und bis heute noch nie eine Stunde Deutschunterricht erhalten habe.«

Dieses Buch ist nicht nur ein Bildband, enthält es doch auch Briefe und Portraits von Menschen, die in der zweitgrößten jüdischen Gemeinde Ostdeutschlands leben, wohnen und arbeiten. Die Bilder sind fotografische Momentaufnahmen aus den Jahren 2009 und 2010, die durch Briefe und Zitate des Rabbiners William Wolff und durch Texte von Gemeindemitgliedern begleitet werden.

Meine Arbeit bestand im Wesentlichen darin, die Wirklichkeit festzuhalten und sie nicht zu manipulieren. Die Realität als »wahre« Tatsache, als menschliche Wahrheit festzuhalten, und dabei möglichst alles Künstliche und in Szene Gesetzte fernzuhalten, war mein Ziel. Sehr häufig war der erste Eindruck der richtige. Die Fotografien wurden mit vorhandenem Licht erstellt.

Manuela Koska-Jäger

Wir haben ja nichts mit unserer Ankunft hier auf Erden zu tun. Wir entscheiden nicht, WANN wir ankommen – ich hätte mir vielleicht einen schönen Sommertag und nicht einen kurzen, dunklen und sehr kalten Wintertag als Geburtstag ausgesucht – und wir entscheiden nicht, wann wir wieder wegschlüpfen.

Als ich im Dezember vor mehreren Jahren plötzlich sehr krank wurde und ein Krankenwagen vor meiner Tür stand, fragte ich mich, als ich einstieg: Kommst du hierher noch mal zurück? Und dann sagte ich mir: Du brauchst gar nicht fragen. Denn du kannst sowieso keine Antwort geben. Und dann war ich, mit großer Dankbarkeit und zum großen Erstaunen von mir selbst und derjenigen, die mir nahe stehen, fünf Tage später wieder vor meiner Haustür – ohne Krankenwagen. Hu Hanoten – er schenkt das Leben, Hu Haschomer – er behütet das Leben. Und in diesem Falle hat er mein Leben scheinbar mit großem Einsatz beschützt.

Auszüge aus: B l e s s i n g , Nasso Cologne, Rostock, 07.06.2008, Schwerin, 06.06.2009, William Wolff

BLESSING SEGEN

Ich werde manchmal gefragt, was denn das Geheimnis des Lebens ist oder das Geheimnis eines glücklichen Lebens. Und da gibt es nur eine Antwort, die mir immer sofort in den Kopf kommt, aber mir den Weg vom Kopf bis zum Stimmband versperrt. Warum fragen sie mich das? Ich bin ja nur Rabbiner – das darf ich nicht sagen. Und so bin ich zu dem Schluss gekommen: Vielleicht ist das Rezept für ein zufriedenes Leben dort zu suchen – und Glück ist oftmals außerhalb unseres Bereiches, aber Zufriedenheit kann jeder von uns sich erwerben –, vielleicht ist das Rezept der Zufriedenheit dort zu suchen, wo wir sie nicht erwarten, aber wo die Zufriedenheit sich doch versteckt.

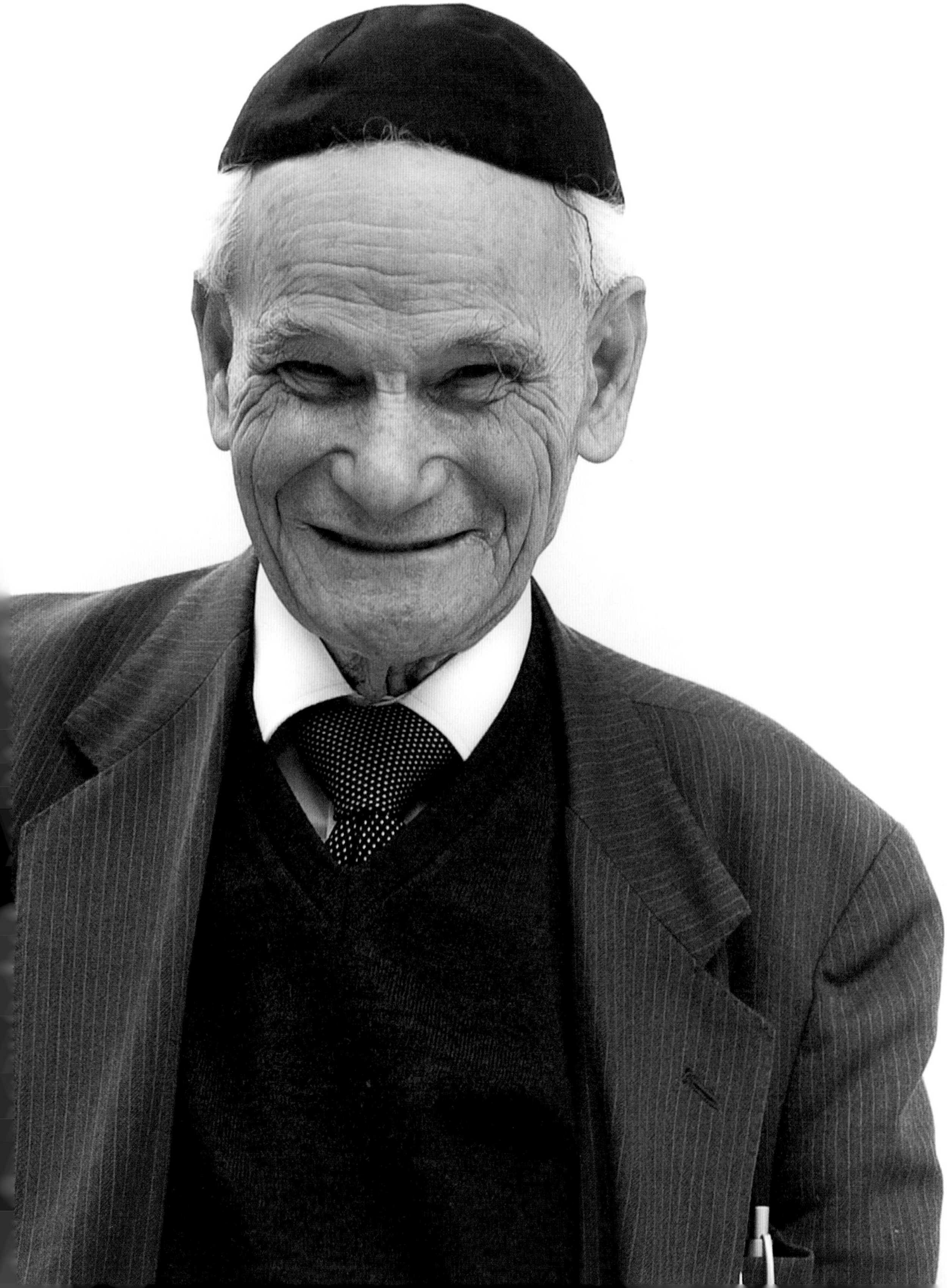

TAJA

Taja im Juni 2009

ZUCHTMANN

Ich wurde am 6. April 1995 in Sankt Petersburg geboren. Mit zwei Jahren sind meine Eltern mit meinem fünf Jahre älteren Bruder und mir nach Schwerin gezogen. So wurde ich quasi zweisprachig erzogen, in Russisch und in Deutsch. Ungefähr mit sechs Jahren kam ich in die Jüdische Gemeinde. Wobei ich diesen Ort zuerst nicht als eine jüdische Gemeinde angesehen habe, sondern als eine Institution mit netten Leuten, wo wir sangen, spielten und etwas Russisch lernten. Aber mit sechs Jahren ist man noch nicht so richtig aufnahmefähig, finde ich. Doch nach und nach lernte ich dazu. Bei den Festen, bei den Ausflügen und bei den Fahrten ins jüdische Sommerferienlager fing ich an, das Judentum, die jüdische Geschichte und die jüdischen Feste zu verstehen. Heute ist diese Religion ein Teil meines Lebens. Trotzdem reicht sie für mich in der heutigen Zeit nicht, dass ich solche Gesetze befolge, wie koscheres Essen oder am Schabbat nicht zu arbeiten oder keine Elektrizität zu benutzen. Dennoch mache ich mir die Gebote immer wieder bewusst. Ich respektiere das Judentum. In den erwähnten Sommerferienlagern wird die jüdische Kultur uns noch näher gebracht, und wir diskutieren über sie. Im Lager befolgen wir die Gebote. Dieses finde ich ganz wichtig. Zu Hause tue ich das zwar nicht, aber allein zwei Wochen im Jahr seine Religion hautnah zu erleben, finde ich wichtig. Die Frage »ob ich an Gott glaube« wurde mir schon oft gestellt, doch eine eindeutige Antwort konnte ich noch nie geben. Auf diese häufige Frage kann ich einfach nicht antworten. Und meine Antwort auf die Frage, was mir das Judentum bedeutet, lautet, dass es ein Teil von mir ist. Weder ein schlechter Teil noch ein guter Teil. Es ist einfach da, und deshalb würdige ich es. Ich kann es nicht einfach wegschmeißen oder hin und wieder an- und ablegen. Diese Seite an mir besteht einfach, und das ist auch gut so. Meine Freunde innerhalb und außerhalb der Schule wissen, dass ich Jüdin bin. Es ist kein Geheimnis, aber natürlich hänge ich es auch nicht an die große Glocke. Auf jeden Fall respektieren sie mich auch. Ich bin froh, dass wir zu dieser Zeit an einem Ort leben, wo weder Antisemitismus noch Nationalsozialismus vorherrscht.

Taja im Juli 2009

Aber was gibt mir, was gibt uns allen unsere jüdische Identität? Nicht ein Land. Besonders nicht das Land Israel. Hier ist mein Pass. Es ist ein englischer. In dem Land bin ich aufgewachsen, dort habe ich noch ein Zuhause. Mit diesem Pass brauche ich am Londoner Flughafen kein Visum vorzulegen. Und kein Beamter hat das Recht, mir den Zutritt zu dem Lande zu verweigern. Wenn sie meinen Pass angucken, dauert das meistens weniger als dreißig Sekunden. Dann steige ich in meinen Wagen und fahre, wohin ich will. Niemand hat das Recht, mir den Weg zu verweigern. Und wenn jemand mich kontrollieren will, dann muss er erst seinen besonderen Ausweis als Polizist oder Zollbeamter vorzeigen. Aber was gibt mir das Recht, in der Synagoge zum Minjan gezählt zu werden – zu den Zehn, aus denen eine jüdische Gebetsgemeinde besteht? Was gibt mir meine jüdische Identität? Was mich zum Juden macht, ist die Tatsache, dass ich eine jüdische Mutter hatte. Aber auch mit einer jüdischen Mutter kann ich aus der jüdischen Gemeinschaft verschwinden, auch ohne formellen Austritt. Ich brauche einfach nichts mehr vom Judentum zu halten, mich nicht mehr darum zu kümmern ob es Schabbat ist oder Sonntag, ob Jom Kippur oder Heiligabend. Wenn ich nichts mehr vom Judentum halte, wenn ich mich nicht mehr mit irgendeiner Facette der jüdischen Kultur beschäftige, dann hat mein jüdischer Ursprung auch keine praktische Bedeutung mehr.

Jedes sechsjährige deutsche Kind weiß, dass es ein deutsches Kind ist und kein französisches. Es weiß es durch die Sprache, die es spricht. Und wenn die Eltern nach Mallorca oder in die Türkei in Urlaub fahren, weiß das Kind auch, dass es aus einem Land kommt, das nicht Türkei oder Jugoslawien, nicht Portugal oder Patagonien heißt. Es heißt Deutschland. Und in diesem Land ist eine Kultur geschaffen, eine Kultur, die anders ist als in dem östlichen Nachbarland Polen oder dem westlichen Frankreich. Sehr anders als die der beiden Länder. Das Land ist der Hauptfaktor, der den Menschen, die in dem Land wohnen, ihre Identität verleiht.

Schwerin, 26.06.2009, Predigt von William Wolff

JEWISH IDENTIT
JÜDISCHE IDENT

Ronny Ytzchak Rohde mit Daniella Levi vor dem Gottesdienst zu Purim im Februar 2010

Und das ist es, was Juden ganz besonders auf der Welt macht, was ihnen eine Identität gibt, eine Identität, die sich mit keiner anderen vergleichen lässt. Wir kriegen unsere Identität als Juden nicht von einem Land, auch nicht von einer Sprache. Ein 18jähriger jüdischer Südafrikaner, der Afrikaans spricht und nicht Englisch oder Holländisch, und schon gar nicht Iwritt, ist genau so jüdisch wie ein 18jähriger jüdischer Kanadier, der seine Bar Mitzwa in Ottawa gefeiert hat und dessen Großeltern aus Moldawien stammen. Was uns jüdisch macht, ist unsere Kultur, eine Kultur, die entgegengesetzt jeder anderen Kultur ist und an kein Land und keine Sprache gebunden ist. Nur an eine Lebensweise.

Wir sind Juden, weil wir eine Verbindung zur jüdischen Kultur haben, weil unsere Lebensweise in gewissen Einzelheiten anders ist als die unserer nicht jüdischen Nachbarn, weil wir andere Speisen essen und andere Feiertage feiern.
Weil wir, wenn wir beten, anders beten als Christen oder Muslime, weil wir, wenn wir uns von verstorbenen Freunden oder Verwandten verabschieden, dies in anderer Weise und mit anderen Worten tun als unsere christlichen, muslimischen oder atheistischen Nachbarn.
Weil wir eine Kultur haben, die in keinem einzigen Land geboren und an kein einziges Land gebunden ist. Wir sind die einzige Gemeinschaft in der Welt, die eine Kultur geschaffen hat und eine Kultur am Leben erhält, die an kein Land gebunden ist. Das macht unsere Kultur einzigartig und auch einzigartig verletzbar. Denn wenn wir uns nicht mehr mit dieser Kultur beschäftigen, wenn wir nichts mehr vom Judentum halten und uns nicht mehr darüber unterhalten, dann verschwindet unsere Kultur ganz von alleine. Es bedarf keines Mordes und keiner Mörder. Eine Kultur stirbt von alleine, wenn niemand sich mehr mit ihr beschäftigt.

Die große kulturhistorische Errungenschaft der Juden ist, eine Kultur geschaffen und am Leben erhalten zu haben, ohne dass sie in einem Land verwurzelt ist. Nur durch unsere Heiligen Schriften, nur durch unsere Lebensweise. Eine der großen Errungenschaften des Staates Israels ist, eine Kultur geschaffen zu haben, eine israelische Kultur, eine Kultur, die wohl jüdische Elemente hat, aber eine neue und sonderbare Kultur ist, die nicht mehr als ausschließlich jüdische Kultur beschrieben werden kann, denn sie hat auch arabische, amerikanische und andere Elemente.

Unsere jüdische Kultur zu erhalten, das ist Aufgabe eines jeden Juden. Das können nur wir. Das ist unsere Mission, unsere historische, aber stets dringende Mission.

N.

Ich bringe mich ein, wo immer mir das als Jecke unter Juden osteuropäischer Herkunft möglich ist. Wir veranstalten beispielsweise Schabbatgottesdienste für Kinder und Jugendliche, denn da gibt es keine Sprachbarrieren, und wir können den Kindern wenigstens einen kleinen Teil des Judentums vermitteln.

Es ist wirklich beachtlich, was man in 15 Jahren, seit der Gründung der Jüdischen Gemeinde in Schwerin, aus dem Nichts erschaffen hat. Aber wie gesagt, jüdisches Leben sollte eigentlich nicht nur in der Gemeinde stattfinden.

Erst einmal musste ich die schmerzhafte Erfahrung machen, dass viele Kinder rein gar nichts wissen. So fragte ein kleiner Junge neulich (und gerade dann, als das Fernsehen da war), als wir an der Bima standen, ob das (die Synagoge) eigentlich eine Kirche oder ein Kloster sei. Eigentlich eine süße Frage, aber trotzdem traurig.

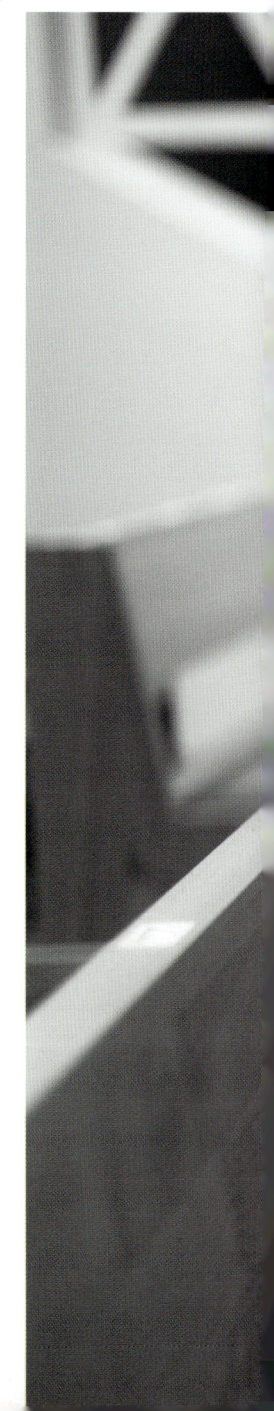

Es ist also nicht leicht, die Kinder für die Synagoge zu begeistern, aber dass ich das schaffe, ist eines meiner Ziele. Ich musste bei Null anfangen. Und nun wecke mal bei Kindern und Jugendlichen im Alter von 8 bis 16 Jahren das Interesse für religiöse Themen. Die Kinder, die ein bisschen was wissen, sind die, die ins Machanot (Kinderferienlager) fahren. Aber das ist oftmals oberflächliches Wissen.
Ich habe daher begonnen – und somit habe auch ich schon was gelernt –, die Wochenabschnitte aus einer anderen Perspektive zu lesen. Ich versuche, sie so zu lesen, dass ich aus ihnen eine Problematik oder eine Botschaft herausfiltern kann, die für Kinder und Jugendliche relevant und interessant ist. Im Kindergottesdienst diskutiere ich mit ihnen dann darüber.

Kindergottesdienst im Oktober 2009

Kinderschabbat
Oktober 2009, Ronny Ytzchak Rohde aus seinem WebTagebuch

Sonntagsschule mit den Sonntagsschülern im Juni 2010

Ich habe h

William Wolff am Schweriner Hauptbahnhof, Januar 2010

... und es war nicht schwer, ihn zu erblicken. Ich sah ihn in der Spitze des Turms des Schweriner Doms, den ich vom Fenster meines Wohnzimmers aus sehen kann, Tag und Nacht, nachts auch, weil er bis Mitternacht erleuchtet ist. Ich konnte Gott im Turm erblicken, weil er besonders schön ist.

Wir können Gott auch sehen in dem Licht im Auge eines Menschen, dem einfällt, die Lieblingsseife oder Schokolade für seine Frau zu kaufen. In der Wärme und dem unberechenbaren Reichtum von menschlichen Beziehungen – dort können wir immer Gott spüren.

Ich erblicke Gott auf jeder Wiese, in dem Zart des Grüns im Frühling und in dem dunklen Grün im August und in den gelben Blumen, die dem Grün des Grases eine besondere Schönheit verleihen.

Ich erblicke Gott auf jeder Straße, wenn dort Kinder lachen und spielen. Die Unschuld des Kindes ist ein Zeichen Gottes. ....

Ich sehe Gott in der unbeschreiblichen Freude von Eltern über ihr neugeborenes Kind. Und ich sehe Gott in der tiefen Trauer von erwachsenen Kindern, die ihre Mutter oder ihren Vater zu Grabe tragen.

Ich sehe Gott sogar in jedem Supermarkt, im Wunder der Fülle von Apfelsinen, die dort zu haben sind, die aber weder in Rostock noch in Schwerin noch in Wismar gewachsen sein können. Es ist das Wunder der modernen Transportmöglichkeiten, die südländische Produkte heute auf unseren Mittagstisch bringen.

Jeder Einzelne von uns kann Gott erblicken, wenn sie oder er in den Spiegel guckt. Denn jeder von uns ist das Produkt einer göttlichen Schöpfung. Wenn wir Gott sehen wollen, dann ist der sichtbar in der Farbe unserer Augen, in der Sehkraft unserer Augen und ganz dramatisch im Ausdruck unserer Augen.

So haben die Theologen, die jüdischen und die christlichen, aber auch die muslimischen, die da behaupten, Gott wäre nicht sichtbar, so haben sie alle wieder einmal Unrecht.

Um Gott zu sehen, brauchen wir nur hinzugucken. A m e n

eute Gott gesehen...

Auszug aus: Gott der Sichtbare, Schwerin, 06.02.2009
(Wismar, 23.01.2009, Rostock, 30.01.2009), William Wolff

KLARA

KATS

Klara Kats ist 1936 in der Stadt Chmelnik, Ukraine, geboren.

In der kleinen Stadt Chmelnik lebten vor dem Krieg 10.000 Juden, das war die Mehrzahl der Einwohner. Die Juden lebten hier seit langem, von Generation zu Generation; sie waren in Freundschaft und Liebe mit Ukrainern und Russen verbunden…

Am Freitag, dem 2. Januar 1942, traf in seinem gelben Auto Wizermann, der Gebietskommissar von Litin, in Chmelnik ein.

Er beorderte den Vorsteher der Juden zu sich und verfügte eine neue, hohe Kontribution.

Außerdem ordnete er an, dass die Juden unverzüglich aus der Neustadt in die als Ghetto vorgesehene Altstadt übersiedelten. Der kategorische Befehl lautete: Alle Russen und Ukrainer sind verpflichtet, ihre Türen mit einem Kreuz zu kennzeichnen; wer das Haus eines Juden betritt, wird hart bestraft.

Einige Tage vergingen, dann brach die »Aktion« los.

Es herrschten Sturm, Schneetreiben und klirrender Frost.

Die Menschen fürchteten sich, ihre Häuschen zu verlassen, sie ahnten das Grauen und das Leid, das ihnen der kommende Tag bringen würde, buchstäblich voraus.

Um 5 Uhr morgens wurden die Straßen unter dem Befehl des Gebietskommissars Wizermann von Gestapo-Leuten und ihren Helfern, den Litiner Polizisten und Feldgendarmen, abgeriegelt.

Kurz danach begann die blutige Vernichtung der Juden. Die verschlafenen Menschen wurden aus den Betten gerissen, und man erlaubte ihnen nicht, sich anzukleiden. Alte und Kranke wurden auf der Stelle erschossen.

Die Temperaturen erreichten an die dreißig Grad minus, doch alle wurden mitleidslos auf die Straße gejagt. Viele Menschen gingen barfuß, mancher hatte nur einen Schuh oder trug Überschuhe an den bloßen Füßen, andere hatten sich in eine Decke gehüllt oder waren nur mit einem Hemd bekleidet. Viele versuchten zu fliehen, doch eine Kugel streckte sie alsbald nieder.

Der Überlebende A. Beider berichtet:

»Um 6 Uhr morgens hörte ich Schüsse. Als ich die Tür öffnete, schrie mich ein bewaffneter Polizist an: ‚Raus mit dir!' Sie jagten mich zum nächsten Haus. Wie sehr ich auch bat, man möge mir gestatten, zusammen mit meiner Familie zu gehen, damit es meine Frau leichter habe, die Kinder in den Tod zu führen – ich erntete nur Kolbenschläge. Gewaltsam hatte man mich in dieser schrecklichsten Stunde des Lebens von meiner Frau und meinen geliebten drei Kindern getrennt. Mir gelang es, aus der Kolonne zu fliehen. Schreie, Stöhnen und Weinen erfüllten die Luft. Eine Deutsche, die Frau des Vorsitzenden der Stadtverwaltung, trieb die Kinder. Sie trieb und beschwichtigte sie zugleich: ‚Ruhig, Kinder, seid still.'

Als die Menge auf dem Platz zusammengetrieben worden war, befahl der Gebietskommissar, eine Liste mit Namen von Fachleuten zu verlesen, denen es gestattet wurde, weiterzuleben. Alle anderen trieb man in den drei Kilometer von der Stadt entfernten Kiefernwald. Dort waren bereits Gruben ausgehoben. Auf dem Weg dorthin verhöhnten die Gestapo-Leute die Menschen mitleidslos und schlugen auf sie ein.

Ein Gestapo-Mann trieb zwei Mädchen, die Schwestern Lerner, mit Messerstichen vor sich her.

Der vierjährige Chaim – seine Mutter hatten die Deutschen ermordet – ging wie ein Erwachsener in der Kolonne und mit allen zu den Gruben…

Dort wurden die Leute in einer Reihe aufgestellt, man zwang sie unter Schlägen und Drohungen, sich zu entkleiden und die Kinder auszuziehen. Es herrschte grimmiger Frost. Die Kinder schrien: ‚Mama, warum ziehst du mich aus, es ist ja so kalt auf der Straße..'

Alle 15 bis 20 Minuten wurde eine Partie mit Kleidungsstücken der Ermordeten zum Speicher abgefertigt.

An diesem Tag, dem 9. Januar 1942, wurden 6.800 Menschen ermordet…..

Die deutschen Banditen demütigten die jüdische Bevölkerung und rotteten sie aus. Doch sie hatten keine Macht über die Ehre und die Seele des Volkes…«

Auszug aus: Ilja Ehrenburg, Wassili Grossman (Hg.), Arno Lustiger (Hg. der deutschen Ausgabe), „Das Schwarzbuch. Der Genozid an den sowjetischen Juden" Deutsche Übersetzung von Ruth und Heinz Deutschland
© 1994 by Rowohlt Verlag GmbH, Reinbek bei Hamburg

Alle Familienangehörigen, Freunde und Bekannte von Klara Kats sind dem Nationalsozialismus zum Opfer gefallen. Klara Kats überlebte; sie wurde rechtzeitig zu Bekannten nach Moskau gebracht. Sämtliche Papiere und persönlichen Dokumente sind ihr jedoch abhanden gekommen. Klara erhielt neue Papiere. Sie bestand auf den Eintrag in ihrem Pass: »Jude«, und sie ist stolz darauf.

Was bedeutet es für mich, Klara Kats, jüdisch zu sein? Das ist eine sehr schwere Frage und aus dem Stehgreif nicht sofort zu beantworten. Ich habe lange darüber nachgedacht. Für mich bedeutet das:

1. Die Torah zu studieren
2. Die Gebote zu befolgen
3. Und dies alles an die Kinder weiterzugeben

…

Mein Vater war ein orthodoxer Jude. Die ganze Familie hat streng alle jüdischen Gebote befolgt. Zum Schabbat und auch an anderen Feiertagen wurde ein Korb mit speziellem, festlichem Geschirr heraus getragen. Für uns Kinder war das ein besonderes Ritual.

Ich erinnere mich daran, wie das Geschirr koscher gemacht wurde. Damals ist mir das gar nicht bewusst gewesen. Als in eine Kuhle in der Erde das Tischbesteck gelegt und mit kochendem Wasser übergossen wurde, entstanden kleine Feuerwerke, die ich damals als Zauberei empfand.

Es ist bemerkenswert: Juden, Ukrainer und Russen glaubten an verschiedene Götter und gingen auch in verschiedene Gebetshäuser, doch sie alle lebten friedlich, freundlich und fröhlich zusammen.

Während der Kriegsjahre wurden in der Sowjetunion religiöse, gläubige Menschen von der Regierung verfolgt, in Lager abtransportiert oder einfach vernichtet. Den Traditionen nachzugehen, war zur damaligen Zeit sehr schwer, beinahe unmöglich. Ich erinnere mich, wie zu Pessach, in der Nacht und heimlich, auf dem Hinterhof, damit uns niemand sehen und verraten konnte, Matzen aus Mehl und Wasser gemacht wurden. Gott sei Dank kann man heute zu den Festen in der Synagoge Matzen bekommen, dies muss nicht mehr geheim gehalten oder verschwiegen werden.

Als ich in Moskau lebte, nach dem Krieg, dachte ich nur an Arbeit, an meine Familie und an meinen Sohn. Die jüdischen Traditionen schienen zu dieser Zeit vergessen. In den neunziger Jahren dann, als Gorbatschow an der Macht war und vieles veränderte, kamen aus Israel Rabbiner, um Gottesdienste zu halten und Seminare zu organisieren, damit die Juden ihren Glauben nicht gänzlich verloren. Dies versuchten die Rabbiner zu erreichen, indem sie mit uns die Torah studierten. Mein Mann begann, diese Seminare zu besuchen. Abends erzählte er mir dann davon, denn mir als Frau war es nicht gestattet, an solchen Seminaren teilzunehmen. Die Rabbiner und auch die anderen Organisatoren der Seminare waren nicht nur religiöse, sondern auch sehr gebildete Menschen. Sie waren oft Physiker, Mathematiker oder Ärzte. Aus ganz Moskau kamen Mediziner zu der Kabbalah, um sie zu erlernen und das aus ihr neu gewonnene Wissen in der Praxis anzuwenden.

Unser Sohn wurde durch diese Seminare zu einem orthodoxen, strenggläubigen Juden. Zwei Jahre lang lernte er in einer jüdischen Schule, der Jeschiwa. Zwei weitere Jahre verbrachte er in Israel, und nun erzieht er seine zwei Söhne streng gemäß dem jüdischen Ritus. In Moskau lernen auch seine Kinder nun in einer jüdischen Schule.

Um diese zu besuchen, müssen sie jeden Tag zwei Stunden mit dem Zug fahren. Von Beruf ist mein Sohn eigentlich Musiker, er ist Geiger, doch jetzt arbeitet er in einer jüdischen Organisation. Jeder Anruf meiner Enkelkinder macht mich glücklich. Mich erfreuen ihre klaren, jungen Stimmen, und selbstverständlich interessieren mich ihre Neuigkeiten.

In Russland gibt es für uns Juden nun viele Möglichkeiten, unserer Religion nachzugehen. Synagogen werden eröffnet oder restauriert. Jüdische Zentren werden errichtet, und es gibt viele Jugendclubs. Kinder können in eine jüdische Schule gehen oder die Sonntagsschule besuchen. An vielen Orten können wir uns nun mit unserer Kultur beschäftigen. Wir können unseren Ritus befolgen und versuchen, unsere Religion besser kennen zu lernen.

Es erfreut mich, dass es hier in Schwerin eine jüdische Gemeinde und auch eine Synagoge gibt, doch ich sehe auch, dass alles hier eher liberal ist, liberaler, als ich es kennen gelernt habe. Ich gehe sehr gerne zum Gottesdienst. Möglicherweise werde ich von einigen Menschen belächelt, weil ich ein Kopftuch trage, denn hier ist das ungewöhnlich, doch für mich ist es eine Selbstverständlichkeit. Zu Hause lese ich alleine die Torah, und ich versuche, das Begleitbuch zur Torah zu verstehen. Das ist harte Arbeit; unendliche, spannende und faszinierende Arbeit!

Klara Kats im Dezember 2009

Heilung für unsere Wunden

Der Segen, in Zentraleuropa geboren zu sein und nicht in Amerika oder Südafrika, zu einer Zeit, da Zentraleuropa die dunkelsten und mörderischsten Jahre seiner Geschichte durchmachte, der Segen, Jude gewesen zu sein, zur Zeit der schlimmsten Judenverfolgung in der Geschichte, der Segen ist zu spüren. Dass Zeit auch eine gewisse Heilung für unsere Wunden bringt, wenngleich Narben immer bleiben. Und dass es nicht nur Hass auf dieser Welt gibt, sondern auch Versöhnung, und dass die Macht und die Fähigkeit zur Versöhnung die schönsten Geschenke sind, die jeder von uns in seiner Seele, wenn auch verkapselt, finden kann...

Auszug aus: B l e s s i n g , Nasso Cologne,
Rostock, 07.06.2008, Schwerin, 06.06.2009, William Wolff

Das Wort Optimismus kennt die Torah nicht. In der Bibel kommt es nicht vor. Als Wort besteht es im biblischen Hebräisch nicht.

Er (Abraham), so wie jeder von uns, benötigte einen gewissen Anteil an Optimismus – ein Glaube, dass etwas Positives sich ereignen würde, entweder durch unsere persönlichen Anstrengungen, oder durch das Wirken von anderen. Würde denn sogar ein Rabbiner predigen, wenn er meinte, dass überhaupt niemand zuhört?

Obwohl die Torah das Wort nicht kennt, obwohl der Optimismus nicht eines der 613 Gebote in der Torah ist, so ist es und bleibt es doch ein Lebensgebot für jeden von uns, unser 614., aber doch völlig unerlässliches Gebot.

Auszug aus: Chaje Sarah, Schwerin, 22.11.2008, William Wolff

ham war Optimist.

NOLIK BASKIN

Ich bin 1930 in Kiew geboren.

Was bedeutet es für mich, Jude zu sein?

Diese Frage ist sehr kompliziert, und deshalb habe ich keine eindeutige Antwort gefunden. Ich bin kein Könner, wenn es darum geht, über religiöse Themen zu diskutieren.

Es gibt die Zehn Gebote. Befolge diese und gib sie an deine Kinder weiter; lebe wie ein guter Mensch und sei kein Schuft! Das ist meine Religion.

Gott wollte, dass ich als Jude geboren werde, und ich bedanke mich dafür. Ich sehe mich selbst als einen winzigen Teil, ein Sandkörnchen vom Koloss der jüdischen Kultur.

Diese Nation schenkte der Welt viele geniale Persönlichkeiten, und ich bin stolz darauf, zu dieser Nation zu gehören. Es gibt einen Spruch: »Die Römer gaben der Zivilisation das Recht, die Juden gaben ihr die Religion.« So ist das.

In der Torah steht geschrieben, dass die Juden das von Gott auserwählte Volk sind. Ich selbst bin da anderer Meinung: Wir sind keine besonderen, sondern ganz normale Menschen wie alle anderen.

Ich bin kein orthodoxer Jude.

Ich habe niemals verheimlicht, dass ich ein Jude bin. Wenn jemand, der mich mochte, fragte, was für einen ungewöhnlichen Namen ich habe, antwortete ich: »Meine Mama hat mir diesen Namen gegeben.« Jemandem, der mich mit dieser Frage verletzen wollte, antwortete ich: »Ich habe einen alten jüdischen Namen.«

Jiddisch ist für mich wie eine Muttersprache, denn ich habe diese Sprache mit der Muttermilch aufgenommen. Als Kinder haben wir sogar die patriotischen Lieder über Stalin auf Jiddisch gesungen.

Damals bin ich mit meinem Großvater immer zu Fuß durch die ganze Stadt in die Synagoge gelaufen. Unsere Familie hat alle jüdischen Feste gefeiert.

Unter Stalin und in der Nachkriegszeit war Religion in der UdSSR verboten. Gläubige Menschen wurden, unabhängig von ihrem Glauben, verfolgt und vernichtet. In dieser Zeit wurde die alte Große Choral-Synagoge in Kiew zum Puppentheater.

Nach dem Zerfall der UdSSR kam ein junger Rabbiner aus den USA nach Kiew, und ganz langsam regte sich altes jüdisches Leben wieder. Man erinnerte sich wieder an die jüdischen Traditionen, die schon lange vergessen schienen und in der sowjetischen Zeit kein Existenzrecht besaßen.

Ich fing wieder an, bei jeder möglichen Gelegenheit in die Synagoge zu gehen.

Als ich mit meiner Frau nach Deutschland kam, wohnten wir die ersten zwei Wochen in einem Wohnheim in Schlagbrügge. Dort wurden wir von der Sozialarbeiterin gefragt, in welcher Stadt wir für immer wohnen wollen. Ich antwortete, dass wir dorthin ziehen möchten, wo es eine jüdische Gemeinde gibt. Jetzt wohnen wir in Schwerin.

Ich bin glücklich darüber, dass ich in die neu gebaute Synagoge kommen und beten kann, dass ich nette Menschen kennen lernen und mich mit ihnen unterhalten kann. Ich kann unserem Rabbiner jede Frage stellen, und obwohl ich einige Schwierigkeiten mit der deutschen Sprache habe, verstehen wir uns sehr gut, und ich erhalte immer eine Antwort. Hier kann ich jüdische Feste feiern und ein aktives Mitglied der jüdischen Gemeinde sein.

Nolik Baskin im Dezember 2009

Rettet jüdische

Rostock, 13.02.2009 (Wismar, 20.02.2009, Schwerin, 27.02.2009)
Predigt von William Wolff

Mein Pass ist ein englischer. Mein Wohnort ist in Deutschland und in England. Meine Sprache ist Englisch – das ist die Sprache, in der ich denke – und Deutsch, das ist die Sprache, die ich ohne Akzent spreche. Was gibt mir meine jüdische Identität? Was macht mich in einem wichtigen Aspekt meines Lebens anders als meine Nachbarn hier in der Augustenstraße oder am Schlachtermarkt in Schwerin oder im englischen Dorf, fünf Kilometer von der Themse entfernt, wo ich schon seit über 45 Jahren ein Zuhause habe?

Little Paddock, das englische Zuhause, August 2009

Identität

Das deutsche Zuhause, Schwerin, Oktober 2009

Rettet jüdische Identität

Bestimmt rettet nicht der Staat Israel sie. Ich stamme aus einem Zeitalter, wo die Juden in Zentraleuropa wie Mäuse in der Falle saßen. Sie konnten nicht raus, weil kein Land sie nehmen wollte. Ich bin meinen Eltern zu ewigem Dank verpflichtet, dass sie Monate nach der Machtübernahme der Nazis Deutschland verlassen haben, zu einer Zeit, wo es noch möglich war, in anderen europäischen Ländern Unterkunft zu bekommen. Ende der dreißiger Jahre war das kaum noch möglich, auf jeden Fall viel schwieriger. Und viele Juden endeten in den Gaskammern, weil kein anderes Land sie zuvor hat einreisen lassen. Also ist mir der Staat Israel lebenswichtig, weil er bis heute noch jedem Juden und jeder Jüdin, von wo auch in der Welt, die Einreise und den ständigen Aufenthalt erlaubt.

Aber ich bin nicht nach Israel ausgewandert – aus verschiedenen persönlichen Gründen. Ich bin Engländer geworden und bin tief verwurzelt im englischen Leben. In meinem Geburtsland Deutschland habe ich die ersten sechs Jahre meines Lebens verbracht und nun die letzten sieben Jahre.

Also was macht mich noch jüdisch? Als mein inzwischen verstorbener Zwillingsbruder nach Australien zog, um dort einen Lehrposten an einer Universität anzunehmen, ist er Mitglied der jüdischen Gemeinde geworden, nicht weil er religiös war – er hat seine Beziehung zum Judentum früh verloren –, wir waren eben keine identischen Zwillinge. Er ist der örtlichen jüdischen Gemeinde beigetreten, weil er sich seiner deutsch-jüdischen Herkunft und besonders seines Schicksals als jüdischer Flüchtling sehr bewusst war. Und er meinte, dass ein Beitritt zur örtlichen Gemeinde die Schuld und Pflicht seiner jüdischen Abstammung sei. Aber nach seinem Beitritt ist er, obwohl er regelmäßig seine Beiträge bezahlte, nur selten in die Gemeinde gegangen.

Insofern waren wir beide anders.

Rettet jüdisch

Ich habe, außer meiner Vergangenheit, einen positiven Grund, Jude zu sein. Ich habe ein jüdisches Leben. Ich halte mich an die Speisegesetze – was mir nicht schwer fällt, da ich sowieso Vegetarier bin –, und ich halte mich auch an die Feiertage.

Schabbat in Schwerin, Februar 2010

dentität

Der Hauptfeiertag des Judentums ist der wöchentliche Schabbat. Ich gehe nicht sonntags in die Kirche, ich gebrauche den Sonntag nicht, um zu faulenzen und mich auszuruhen. Ich habe den Schabbat. Am Sonntag schreibe ich oder vertrete die Gemeinde bei öffentlichen Veranstaltungen. Und der Schabbat, wenn man ihn hält, prägt die ganze Woche. »Kol Melachah Lo Taàsu« – Du darfst keinerlei Arbeit an diesem Tage leisten, so befiehlt uns die Torah. Der Schabbat macht das jüdische Leben jüdisch.

Rettet jüdische Identität

In den letzten 3.000 Jahren bis zum heutigen Abend gestaltet der Schabbat das jüdische Leben anders als das Leben von all unseren Nachbarn.

Er fing an als Ruhetag in einem Zeitalter, wo Arbeitnehmern kaum Ruhe vergönnt war. Er bleibt heute noch Ruhetag, aber die Geschichte hat ihm heute eine zweite Rolle zugeteilt, ohne die Juden und jüdisches Leben nicht überleben können.

Er ist der Ausdruck, das Zeichen und die unerlässliche Bedingung jüdischen Lebens und jüdischer Identität.

Gedenkt den Schabbat, haltet den Schabbat, denn er ist heilig, sagt die Torah. Und heute ist er heiliger denn je, und wir benötigen ihn mehr denn je. Nicht, weil die meisten Menschen heute überarbeitet sind, sondern weil er der Lebensretter des Judentums geworden ist und somit der Überlebensretter aller Juden.

am Schabbat, Oktober 2009

Synagoge Rostock, 18. September 2009

Macht der Träume

Auszüge aus: Mikkets, Schwerin, 19.12.2009, William Wolff

Die Torah teilt uns eine menschliche Wahrheit mit, eine Wahrheit, die der Arzt und Psychologe Sigmund Freud 3.000 Jahre später neu erfand. Die Tatsache, dass Träume, diese Vorstellungen, die jeder von uns während der Nacht hat, ohne dass wir den Fernseher andrehen müssen, dass alle Träume eine Bedeutung haben.

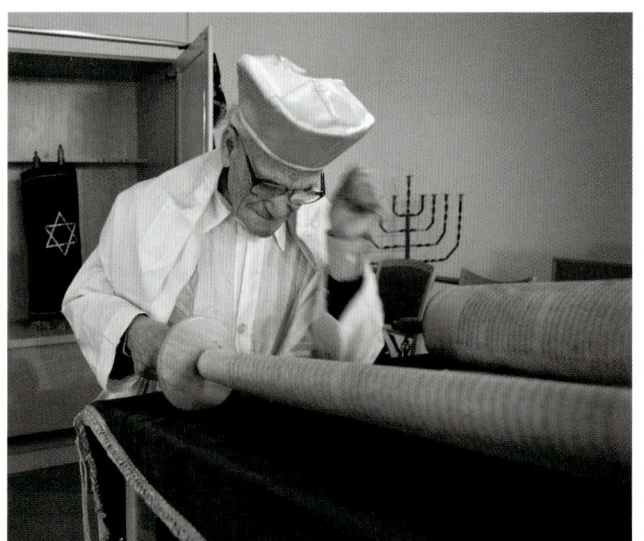

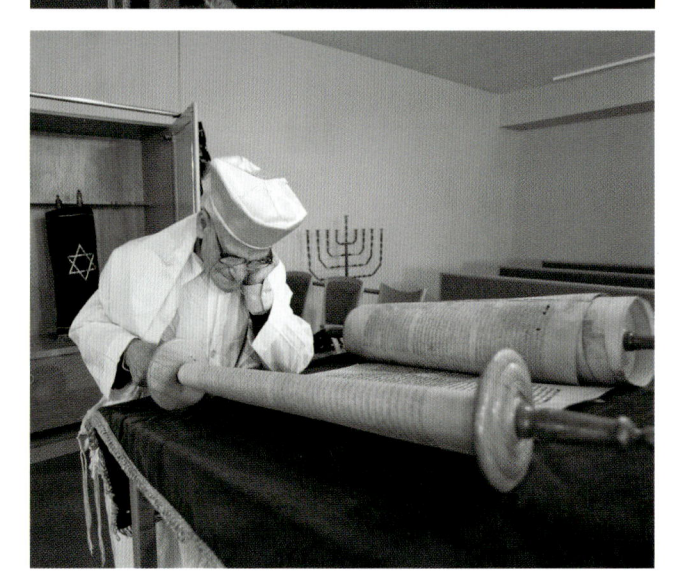

.... Dass Träume uns manchmal auch schon einen Ausblick in die Zukunft geben. Und das passiert bei manchen öfter als bei anderen. Ich kann mich nur an eine oder zwei Gelegenheiten in meinem Leben erinnern, wo mir das widerfahren ist. Das eine Mal liegt jetzt schon mehr als fünfzig Jahre zurück … Mein Stiefvater, der kurz in der englischen Armee während des Zweiten Weltkrieges gedient hatte, konnte nun die englische Staatsbürgerschaft beantragen – darauf hatte er als ehemaliger Soldat ein besonderes Recht. Das tat er dann auch, und nun träumte ich, dass ein offizieller Brief kam, der ihm die Staatsbürgerschaft genehmigte. Und als ich aufwachte und hinunter zum Frühstück ging, lag der Brief auf dem Tisch. Es war von Anfang an klar gewesen, dass mein Stiefvater die Staatsbürgerschaft erhalten würde. Aber am selben Tag des Traumes?

Ich bin nicht einer von den Rabbinern, die behaupten, dass alle Weisheit und Wissenschaft schon in der Torah stehen. Das ist meines Erachtens Unsinn. Aber zum Thema Träume hat die Torah uns doch Einsichten in die menschliche Seele gegeben, zu einem Zeitpunkt, der 2.500 bis 3.000 Jahre vor Sigmund Freud liegt.

Aber die Torah lebt heute noch. Und sie ist Weltliteratur, weil sie tiefe Einsichten in die menschliche Seele bietet. Und es geht mehr in dieser Seele vor sich, als wir uns manchmal vorstellen. Der englische Schriftsteller William Shakespeare – und ich bin in meinen englischen Schulen mit Shakespeare aufgewachsen und nicht mit Goethe oder Puschkin – also Shakespeare schrieb: Es gibt mehr Dinge zwischen Himmel und Erde, als der Mensch manchmal ahnt.

EDUARDAS UND DMITRIYUS FAJE

Mein Vater und ich stammen aus Litauen/Vilnius. Wir sind Aschkenasen. Mein Vater wurde am 10. Juni 1948 geboren, ich am 23. Juni 1984.

Im 18. Jahrhundert eröffnete Elijah Ben Salomon Salman, der Gaon, also der Weise von Wilna (heute Vilnius), mit seiner Torah-Arbeit einen goldenes Zeitalter der jüdischen Kultur. Doch auch nach dessen Tod blieb Wilna für lange Zeit das Kulturzentrum des jüdischen Glaubens.

In der Jugend meines Vaters machte die Sowjetunion das Ausüben der Religion sehr schwer bis fast unmöglich. Viele Eltern brachten jüdische Kultur ihren Kindern gar nicht bei. So wurde sie meinem Vater fast gar nicht gelehrt. Erst mit meiner Geburt fing mein Vater an, zu seinen Vorfahren zurückzublicken.

RAS

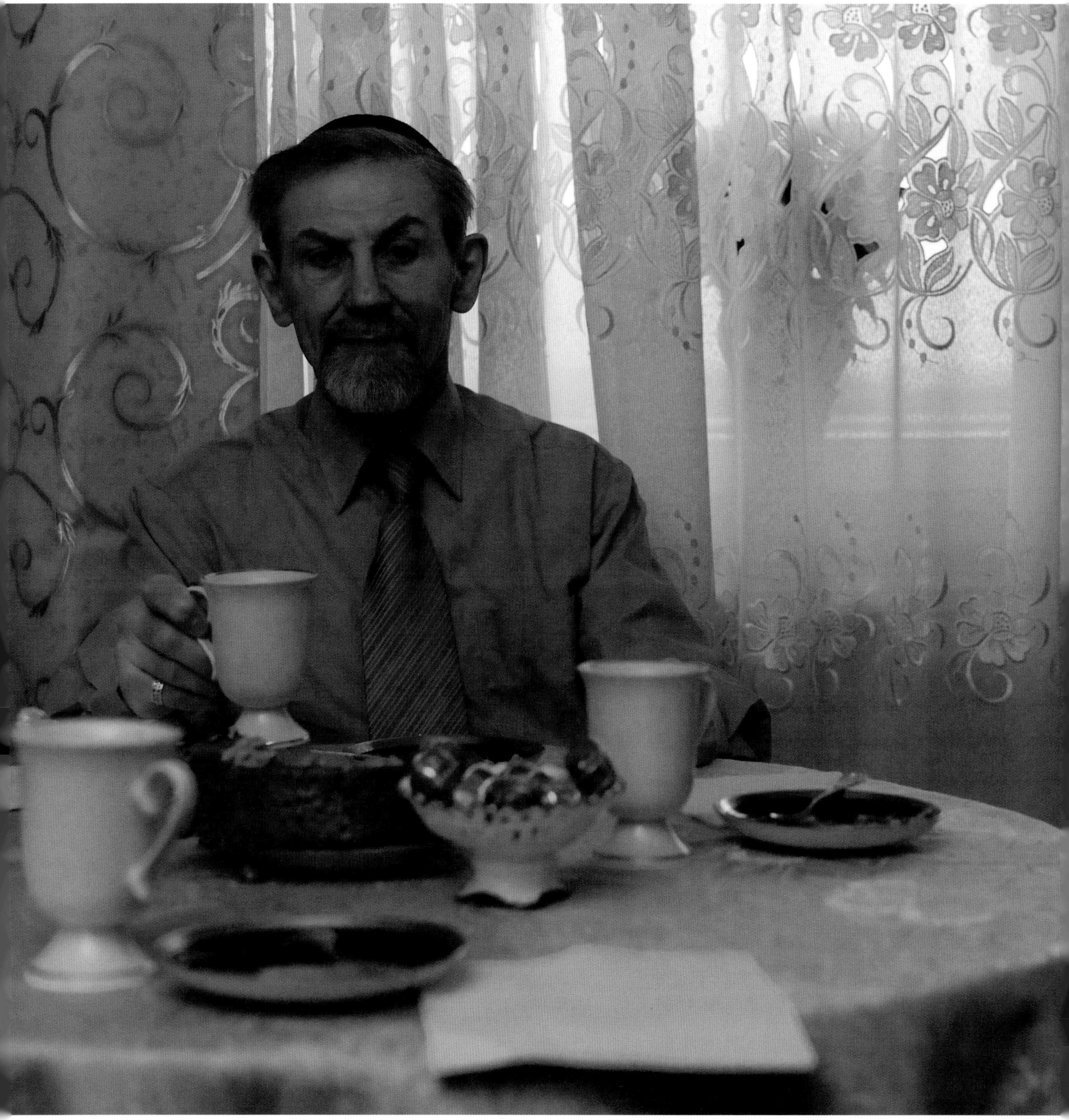

In meiner Kindheit, und auch noch später, besuchten wir eine streng orthodoxe Synagoge, wo auch meine Bar Mitzwa stattfand.
Wir fühlten die Wunder des Schöpfers und ahnten von der unsichtbaren Macht, die Existenz mit Sinn und Leben füllt. Wir wollten dem Schöpfer eine Gegenleistung für seine tägliche Arbeit geben, doch der Anfang war schwer und die ersten Schritte sehr mühsam.

Im Jahre 2000 kamen mein Vater, meine Mutter und ich nach Deutschland. Wir fanden in Schwerin unser neues Zuhause. Etwas später wurden wir Mitglieder der Jüdischen Gemeinde Schwerin, die uns dann die Möglichkeit gab, sich der Religion noch mehr zu widmen.

Nach Jahren der Religiosität sind wir einig: Jüdisch heißt nach unserem Verständnis, Student bei dem größten Mentor aller Lebewesen zu sein. Jeder Tag ist ein neuer Anfang und eine aufregende Reise in die Wunderwelt unserer Existenz. Wir versuchen, die Arbeit des Schöpfers besser kennen zu lernen, zu verstehen und unsere Fehler zu mindern und auszubessern. Denn auch unsere Kinder könnten dafür zur Verantwortung gezogen werden. Man sagt, dass das irdische Leben dem himmlischen Leben von den Gesetzen her sehr ähnelt, so zum Beispiel in dem Sinne, dass, wie genetische Krankheiten vererbt werden, auch Sünden vererbt werden.

Wir sehen in der Torah eine Gebrauchsanweisung für das Leben, auch wenn es oft schwer ist, danach zu handeln, so ist es ohne diese manchmal noch schwieriger. Doch wo ein Wille ist, ist schließlich auch ein Weg.
Wir versuchen, so viele Gesetze wie möglich einzuhalten, so wie unsere Vorfahren es auch getan haben, denn jeder Kompromiss zieht den nächsten nach sich, und Verständnis kommt mit dem Wissen. Glücklich ist derjenige, der nicht nur für sich lebt, der sich um seine seelische Reinlichkeit kümmert, den seine Vergangenheit stolz macht, und dessen Reflexion man im Verhalten der Anderen sieht und sie richtig deutet.

Nachtrag:
Ich kann leider nicht viel zu der religiösen Gemeinschaft in Schwerin sagen, da sie ja nur an Schabbat-Tagen und den wichtigsten Feiertagen aktiv ist. Jedoch finde ich es gut, dass die Gemeinde einen Sprachkurs in Hebräisch anbietet. Ich finde, dass das ein großer Fortschritt für unsere kleine Gemeinde ist. Was die religiöse Seite angeht, würde ich mir mehr Genauigkeit und Orthodoxie in der Gemeinde wünschen, außerdem mehr Bindung an die Torah und mehr Aufklärung, doch mir ist bewusst, dass das zur Zeit schwer umsetzbar ist.
Dmitriyus Fajeras im November 2009

Uncertainty

Auszug aus: Uncertainty, Schwerin, 11.09.2009 (Rostock, Wismar, 21.08.2009) William Wolff

Zu jeder Stunde unseres Lebens sind wir umrahmt von Ungewissheit.

Gott hat uns Menschen so geschaffen, dass wir mehr Vertrauen in unserer Seele verkapseln als Zweifel, um mit dem Unerwarteten, das uns täglich überfällt, fertig zu werden.

Die Ungewissheit unseres Schicksals hat ein Gegengewicht in unserer Seele – das Vertrauen. Aus diesem Vertrauen schöpfen wir ständig unsere seelische Kraft. Jede menschliche Seele verbirgt in sich ein Gleichgewicht zwischen Kraft und Schwäche, zwischen Leiden und Freude. Somit ist es unsere Aufgabe, dieses Gleichgewicht zu erhalten und dort, wo es gestört ist, es wieder herzustellen. Das ist die Herausforderung an jeden von uns – dieses Gleichgewicht und diese Harmonie in unserer Familie und somit in unserer ganzen Gesellschaft zu erhalten.

Das ist die Herausforderung der göttlichen Schöpfung und die tägliche Aufgabe eines jeden Menschen – zum Segen in unserem Leben und zum Frieden in der ganzen Welt.

Ungewissheit

RONNY Y

»Ich bin, wenn man denn so will, ein deutscher Jude – ich gehöre zu den 10 Prozent.«

Ich wurde 1990 in Deutschland, in der Kleinstadt Crivitz bei Schwerin, geboren, meine Eltern wurden in Deutschland geboren und sogar meine Großeltern wurden in Deutschland oder zumindest in deutschsprachige Familien geboren.

Ein »deutscher« Jude. Was das ist, war mir lange Zeit nicht wirklich klar, und genau genommen wollte ich mich auch gar nicht als ein solcher definieren, wenngleich es in Bezug auf das Geburtsland die richtige Bezeichnung sein mag. Aber kulturell?

Das deutsche Judentum trug in meiner Wahrnehmung vor allem den Muff der Assimilation, der Selbsttäuschung und war akustisch vom staubigen Scheppern der Orgel durchzogen, was in meinen Augen einfach nicht echt, ein wenig zu deutsch und kaum jüdisch ist. Doch das deutsche, das jeckische Judentum steht eben doch für mehr – für einen jüdischen Pluralismus, einen großen liturgischen Reichtum und vor allem auch für eine für mein Leben entscheidende Lehre, die durch den deutschen orthodoxen Rabbiner Samson Raphael Hirsch neu belebt wurde: »Torah im Derech Erez«, Torah mit weltlicher Beschäftigung. Ein observantes Leben mit Teilnahme an all dem Reichtum der Umwelt um einen herum.

Meine Großeltern sind durch Deportationen und Todesmärsche 1945 in Mecklenburg gestrandet und, was ich bis heute nur schwer nachvollziehen kann, geblieben. Meine Großeltern stammen aus Berlin und Leipzig, aber auch aus Polen und Tschechien, wobei sie auch dort in deutsch-jüdische Familien geboren wurden. Niemand konnte sich der Judenverfolgung entziehen. Die Elternhäuser meiner Großeltern waren zwar jüdisch-traditionell, aber im Grunde genommen wurde kein religiöses Leben geführt, und nach dem Trauma des Holocaust legten meine Großeltern letztendlich die wenigen verbliebenen Funken ihrer Jüdischkeit ab. Nicht nur, weil der Glaube an Gott und damit die Grundlage der jüdischen Lebenswelt für sie durch das Geschehene sich selbst ad absurdum geführt hat, sondern auch und gerade weil sie fortan in der DDR leben sollten und deren Staatsatheismus fast schon willenlos in sich aufgesaugt hatten. Meine Eltern wurden vollkommen frei von jeglicher religiöser Vorstellung und fernab jeglicher jüdischer Tradition erzogen. Sie waren Kinder und Bürger der DDR, so wie auch meine Großeltern zu einem selbstverständlichen Teil der ostdeutschen Gesellschaft geworden waren, ohne ihre Herkunft und ihr Schicksal zu thematisieren. Sie entschieden sich, wie nicht wenige jüdische Familien, fürs Schweigen. Sowohl über die Vergangenheit als auch über den Fakt, jüdisch zu sein, wird in meiner Familie so gut wie gar nicht gesprochen. Selbstverständlich verzichtete man auch bei mir auf eine jüdische, geschweige denn religiöse Erziehung, und so sollte auch ich, genau wie meine Eltern, zu einem normalen Deutschen werden, ohne Sinn und Bewusstsein für die eigene Herkunft und die jahrtausendealte Tradition und Überlieferung, die sich dahinter verbirgt. Ich kann nicht mit Bestimmtheit sagen, ob sich meine Familie dieser Tatsache vollends bewusst ist, doch mit schon 13 Jahren war mir klar, dass ich identitätslos erzogen werde. Ausgerechnet im Alter von 13 Jahren, dem Alter also, in dem ein jüdischer Junge seine Bar Mizwa, seine religiöse Vollmündigkeit feiert, reichte es mir nicht mehr, einfach nur zu wissen, dass ich anderer Herkunft bin als meine Mitschüler und dass meinen Großeltern schrecklichere Dinge widerfahren waren als denen meiner Mitschüler. Ich wollte wissen, was sich hinter meiner Herkunft verbirgt und wie man bewusst mit dem schwierigen, aber vor allem auch wertvollen jüdischen Schicksal leben kann. Die Assimilation meiner Familie weckte in mir das schreckliche Gefühl der Identitätslosigkeit, eigentlich war es eine schreckliche Ohnmacht. Und ich wollte kein Teil mehr des familiären Schweigegelübdes sein, sondern ich wollte als jüdischer Junge aus einer letztendlich doch jüdischen Familie den winzigen jüdischen Funken bewahren, der in meiner Familie allein durch das Wissen der eigenen Herkunft und das Leid meiner Großeltern erhalten geblieben war.

Für mich begann ein wunderbarer Prozess, der bis heute andauert und der in einem jüdischen Leben ein Leben lang andauern sollte: Ein Prozess des Lernens und des Entdeckens, der Prozess eines bewussten jüdischen Lebens.

Der Rabbiner Tuvia Ben-Chorin sagte in einem Interview einmal, dass das jüdische Volk auch eine Schicksalsgemeinschaft sei und dass daher jeder einzelne Jude einen persönlichen Weg finden muss,

TZCHAK ROHDE

um mit diesem Schicksal umzugehen. Sei es ein assimiliertes Leben, wie das meiner Eltern, vollkommen frei von jüdischen Bezugspunkten in der eigenen Identität und im täglichen Leben, oder ein Leben, das vor allem auf eine nationale jüdische Identität abzielt oder ein Leben, das neben dem Bekenntnis zum Volk Israel auch den Glauben der Vorfahren bewahrt. Eines haben alle drei Wege gemeinsam: Irgendwann wird man doch daran erinnert, dass man Jude ist. Sei es durch Außenstehende oder alltäglich durch ein bewusstes jüdisches Leben.

Welchen Weg soll mal also wählen?
Meine Familie wählte den Weg der Assimilation und wird nun doch spätestens durch mich an ihr Judentum erinnert, denn ich habe mich für ein jüdisch-religiöses Leben entschieden. Nicht nur, weil ich damit zu der verborgenen Identität meiner Familie zurückgefunden habe und mein persönliches Bedürfnis nach Identität gestillt wurde, sondern auch, weil ich aus der Geschichte und Kultur, vor allem aber auch aus dem Glauben meines Volkes einen enormen Reichtum schöpfen kann.

Für mich bedeutet das Judentum, ein Bewusstsein für diese Welt zu entwickeln, sich bewusst mit dem Leben auseinanderzusetzen und es, wie es unsere Tradition fordert, zu heiligen. Was Außenstehenden verwirrend und sinnlos erscheinen mag, wie beispielsweise die Speisegesetze, ergibt zusammen mit den ethischen Geboten, wie beispielsweise der Nächstenliebe und Wohltätigkeit, eine Richtschnur fürs Leben – und für mich persönlich ein Gefühl von Geborgenheit.
Ronny Yitchak Rohde im Oktober 2010

Auszüge aus: Warum? Predigt für Freitag, Schwerin, 15.01.2010, William Wolff

Ein Schlüssel, mit dem Galileo Galilei und Albert Einstein manche der größten Geheimnisse der Welt entdeckt haben, liegt in einem einzigen Wort.

Warum?

Anstelle der Frage »Warum?«, gibt es eine viel produktivere Frage. Sie besteht aus zwei Worten, nicht nur aus einem. Die zwei Worte sind:

Was weiter?

In dem Moment, wo die amerikanische Schriftstellerin Helen Keller aufhörte, sich zu fragen, warum sie denn von Kindheit blind ist, in dem Moment war der Weg für sie offen, eine der meist gelesenen Schriftstellerinnen der amerikanischen Geschichte zu werden. In dem Moment, wo Joseph Ratzinger aufhörte, sich zu fragen, ob er nicht lieber Ortspfarrer in Bayern bleiben solle, war der Weg nach Rom für ihn offen und führte ihn auf den Thron des Papstes. In dem Moment, wo Mosche Rabbeinu, Moses unser Hauptlehrer, aufhörte, sich zu fragen, ob er nicht lieber Hirte der Schafe seines Schwiegervaters bleiben solle, war der Weg für ihn offen, um der größte moralische Lehrer der Menschheit zu werden.

Bewusst oder unbewusst ersetzten sie die Frage »Warum?« mit der Frage...

Wohin?

Wohin führte ich mein Leben mit meinen besonderen Begabungen?

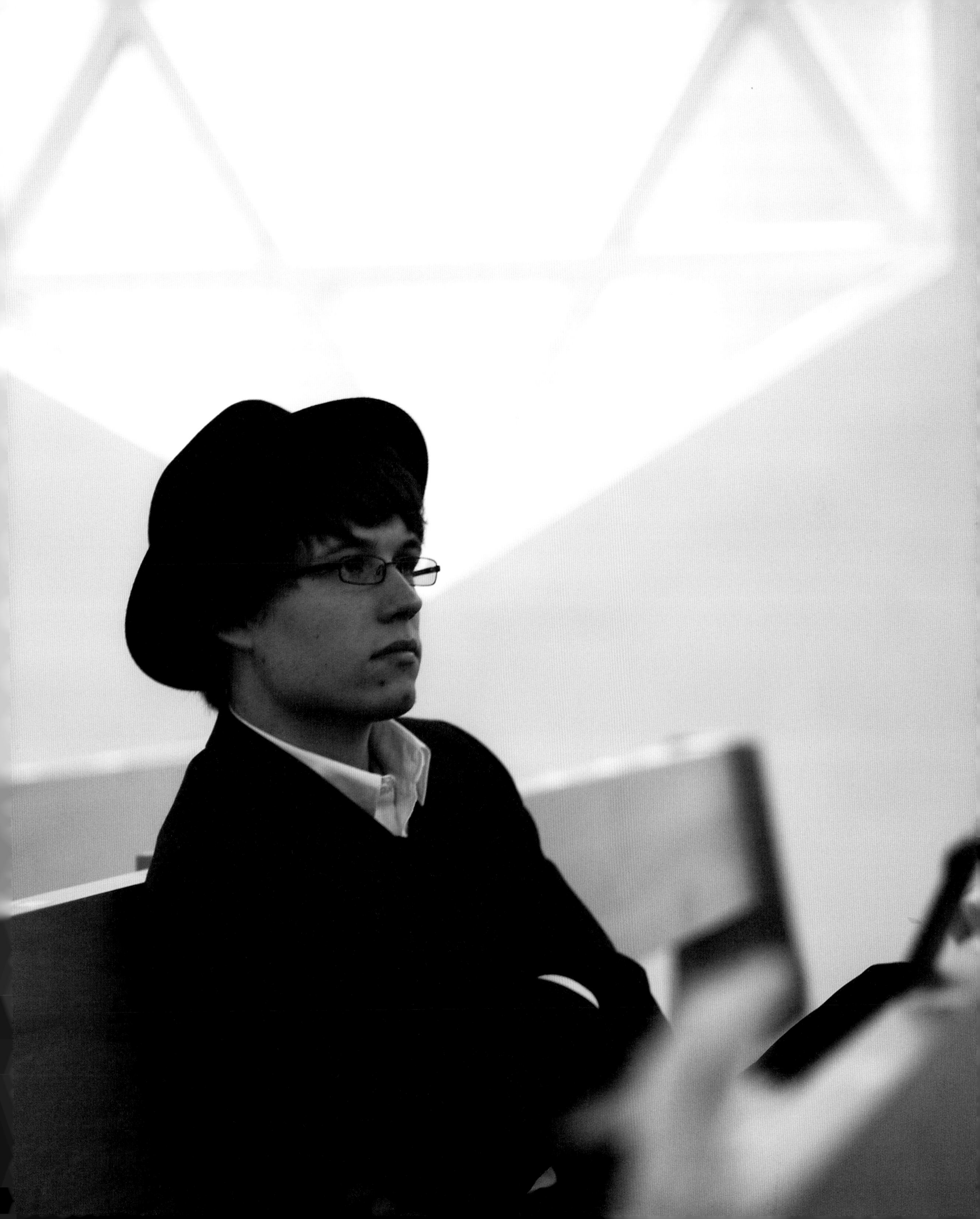

Spuren

William Wolff mit den Schweriner Sonntagsschülern in Amsterdam, August 2010

suche in Amsterdam

Eines Abends wurde im Schweriner Theater das »Tagebuch der Anne Frank« als »Mono-Oper« aufgeführt. Als ich sah, dass die meisten Jugendlichen unserer Sonntagsschule auch im Publikum saßen, sagte ich zu ihnen: »Gut, dann fahren wir alle mal zusammen nach Amsterdam, um zu sehen, wo die Anne Frank gelebt hat.« Das lag mir sehr am Herzen, denn ich habe ja auch sechs Jahre meiner Kindheit in Amsterdam verbracht. Die Frank-Familie und die Wolff-Familie wohnten nur fünf bis sieben Minuten voneinander entfernt. Trotzdem kannten wir uns nicht, denn Anne ging auf eine andere der örtlichen städtischen Schulen, und die ganze Frank-Familie gehörte der liberalen Synagoge in Amsterdam an, die von einem Verwandten meiner Mutter, Rabbiner Ludwig Mehler, geführt wurde, und die Wolffs waren orthodox. Also, obwohl wir so nahe beieinander wohnten, kannten wir uns nicht. Aber weil unser Schicksal in den dreißiger Jahren so ähnlich war – gleichwohl wir Wölffe Ende August 1939 von Amsterdam nach London zogen und ich das Tagebuch nach wie vor tief bewegend und auch unerhört lebendig finde –, spüre ich doch immer noch eine große Verbundenheit zu der Person von Anne und zu ihrem jungen, reifen Lebenswerk.

William Wolff

Amsterdam im August 2009

Ich bin 1952 in Schwerin geboren und seitdem Mitglied der Jüdischen Landesgemeinde Schwerin. Zur Steno-Phonotypistin ausgebildet, arbeitete ich als Sekretärin oder Sachbearbeiterin, später auch selbstständig in der Gastronomie. Einen Sohn und eine Tochter habe ich geboren und bin Oma von drei Enkelkindern.

Schon in jungen Jahren war mir bewusst, dass ich jüdische Wurzeln habe. Aber ist das etwas Besonderes? Mein aus Wien stammender jüdischer Großvater glaubte das. Er war aktives Mitglied und bis zu seinem Tod im Vorstand der Schweriner Gemeinde. Meine jüdische Mutter und meine Großmutter, beide aus Stettin stammend, waren in ihren Ansichten verhaltener und versuchten, den Balanceakt zwischen Judentum und Leben in einem sozialistischen Staat zu meistern. Mein autoritärer, unduldsamer, aber liebevoller Großvater ließ sich die »chinuch« (hebräisch für Erziehung) nicht aus der Hand nehmen – bis zu meinem 12. Lebensjahr, dem Jahr, in dem er starb. Seine letzte Ruhe fand er auf dem Jüdischen Friedhof in der Bornhövedstraße in Schwerin. Dieser kindliche Lebensabschnitt prägte mich sehr.

Frühzeitig vermittelte mein Großvater mir unsere Familiengeschichte. Er erzählte davon, was er und meine Großmutter mit ihren beiden Kindern für schreckliche Ereignisse während der

EVA WEISSMAN

nationalsozialistischen Zeit durchleben mussten und vergaß auch nicht, mir von Menschen zu berichten, die ihnen geholfen und sie vor der Deportation gerettet hatten, so dass sie fliehen konnten. Und auch davon, dass viele Familienmitglieder in den Konzentrationslagern umgekommen waren, erzählte er. Dabei zeigte er mir den Davidstern, den meine Mutter tragen musste, die Kennkarte mit dem aufgestempelten »J« für Jude und andere Dinge. Ganz stolz war er auf seinen Sohn, der mit Anfang Zwanzig, kurz nach der Gründung des Staates, nach Israel gegangen war und in der israelischen Armee gedient hatte.

N

Meine jüdische Erziehung lag hauptsächlich in den Händen des Großvaters. Er unterrichtete mich in Hebräisch mit meiner Kinderlesefibel und lehrte mich unermüdlich die Schabbat- und Festtagslieder. Wir gingen zu den Gottesdiensten und Hohen Festtagen in die Synagoge, feierten freitags zu Hause den Schabbat, und mich begleitete stets synagogale Musik, die vom Tonband lief. Gern erinnere ich mich an Chanukka, wenn die Menora angezündet wurde. Chanukka liegt zeitlich in der Nähe von Weihnachten, und so wurde dieses Fest wie Weihnachten abgehalten. Mit anderen jüdischen Gemeindemitgliedern feierten wir Jahr für Jahr im Hotel »Niederländischer Hof« in Schwerin, und alle Kinder bekamen Geschenke. In schöner Erinnerung bleiben mir auch die Kinderferienlager, in die alle jüdischen Kinder aus der DDR fuhren. Überwiegend im Norden des Landes fanden die Ferienlager statt, zum Beispiel in Glowe auf Rügen oder in Güstrow oder Alt Redevitz oder Ueckermünde. In die Gestaltung des Ferienprogramms flossen neben Spiel und Spaß auch die Pflege der Bräuche und die Vermittlung von Ereignissen aus der nationalsozialistischen Zeit ein, damit die Kinder nicht vergaßen, was ihren Familien angetan wurde.

Aufgrund der geringen Mitgliederzahl konnte später kein jüdisches Gemeindeleben mehr stattfinden. Heute ist unsere Gemeinde wieder erstarkt durch über 1.000 zugewanderte jüdische Mitglieder aus der früheren Sowjetunion. Es war nicht leicht, sich in diese Gemeinschaft einzubringen. Sei es wegen des Russischen, das eine Sprachbarriere war. Oder weil sich ein Zugehörigkeitsgefühl nicht einstellen mochte. Auch hätte ich einen neuen Antrag auf Mitgliedschaft in der Gemeinde stellen müssen, egal, ob ich das letzte Mitglied unserer Gemeinde war; und ein Nachweis darüber, dass meine Mutter Jüdin ist, wurde mir abverlangt. Das alles war für mich unverständlich, und so suchte ich einige Jahre die Gemeinde nur sporadisch auf. Doch bei diesen Besuchen lernte ich den Vorsitzenden Herrn Bunimov kennen und die freundliche Sekretärin Jana Kirchner und hatte ein persönliches Gespräch mit dem Rabbiner William Wolff. Ich konnte mich gut austauschen. Die Bindungen wurden wieder enger, und 2008 reifte in mir der Entschluss, wieder Gemeindemitglied zu werden. Seither begegnen mir in dieser Gemeinschaft Menschen, die offen auf mich zugehen und mit denen ich mich in der Gemeinde und in unserem Synagogenneubau austauschen kann.

Eva Weissmann im Februar 2010

Anna Amalia Weissmann in Schwerin

Hebräische Fibel und Gebetbuch des Großvaters Julius Weissmann aus Schwerin

Eva Weissmann im Februar 2010 am alten Jüdischen Friedhof in Schwerin, auf dem ihr Großvater Julius 1963 als wohl letzter Schweriner Jude beerdigt wurde. Der Friedhof ist heute für die Öffentlichkeit nicht mehr zugänglich.

Mitte: Julius Weissmann um 1945 in Schwerin

Evas jüdisches Lern- und Malbuch zu DDR-Zeiten

Davidstern der Mutter, Nährmittelkarte des Großvaters Julius mit dem Vornamenszusatz »Israel«, Pass mit dem Vornamenszusatz »Sara« (Vornamen wurden durch die Nazis zur besseren Identifizierung der Jüdinnen und Juden vergeben), sowie der ehemalige Gebetsraum der jüdischen Gemeinde in Schwerin um 1960

God in Heaven

Als ich neulich nach Hause, nach England flog, war das Flugzeug halb leer, und ich hatte kein Problem, einen Sitz am Fenster zu bekommen. Und nachdem ich die Schlagzeilen in der Zeitung gelesen hatte, guckte ich hinaus und sah unten einen gelben Streifen. Und nach zehn Minuten, wir waren inzwischen einige hundert Kilometer geflogen, war der gelbe Streifen immer noch dort unten. Da sagte ich zu mir: Das ist der Strand von Nord-Holland. Dort hast du als Kind deine Sandschlösser gebaut. Weitere fünf Minuten später konnte ich nur noch Wolken um mich herum sehen. Vielleicht, sagte ich mir, wirst du jetzt etwas noch Interessanteres sehen als den Strand. Jetzt bist du im Himmel, also gucke dich um. Denn ob du später, nachdem deine Seele deinen Körper für immer verlassen hat, noch einmal die Gelegenheit kriegst, dich genauer im Himmel umzugucken, darüber steht ja ein großes Fragezeichen. So habe ich also intensiv herumgeguckt, aber ich sah nur die graue Menge aus Luft und Wasser, die wir Wolken nennen. Aber wo ist hier Gott, fragte ich mich. Er soll doch im Himmel sein?

Da sagte ich mir: Wenn du Gott sehen willst, gucke dich lieber in der Flugzeugkabine um. Möglicherweise siehst du ihn plötzlich in den Augen einer deiner Mitreisenden.

So wie ich ihn eine halbe Stunde vorher plötzlich auf der Erde gesehen hatte. Ich war am Flughafen, und mein kleiner Rollkoffer sollte gerade in den Sicherheitsapparat zur Untersuchung geschoben werden, als mich eine Sicherheitsbeamtin, die die Aufsicht hatte, ansprach: »Ich habe Sie schon so oft hier gesehen. Wo fliegen Sie eigentlich immer hin? Und warum denn?« In dem Moment, in dem eine anonyme, scheinbar gefühllose Aufsichtsbeamtin Mensch wurde und mich menschlich ansprach und menschliches Interesse zeigte, in dem Moment war Gott in die Sicherheitsschlangen gekommen. Und in der Wärme der plötzlich aufgekommenen menschlichen Unterhaltung war seine Anwesenheit klar spürbar.

Gott war plötzlich auch erkennbar auf der Treppe im Rostocker Hauptbahnhof, als eine junge Frau mir meinen Koffer aus der Hand riss und nach oben trug. Mit ihren jungen Beinen war sie eben schneller als ich.

In der Bibel wird uns versprochen, dass wenn wir Gott suchen, wir ihn auch finden werden.

Auszug aus: God in Heaven/Gott im Himmel, Rostock, 30.05.2008 (Schwerin, 13.06.2008) William Wolff

Gott im Himmel

Ich wurde am 24. September 1994 in Sankt Petersburg (Russland) geboren. Dort lebte ich bis zu meinem vierten Lebensjahr. Im Frühjahr 1999 zog ich zusammen mit meiner Mutter nach Schwerin. Hier in Deutschland wuchs ich zweisprachig (russisch-deutsch) auf, wobei ich beide Sprachen als meine Muttersprachen ansehe. Nach dem staatlichen Kindergarten besuchte ich die katholische Nils-Stensen-Grundschule in Schwerin. Obwohl ich schon damals wusste, dass meine Familie und Vorfahren mütterlicherseits jüdisch waren, war es mir noch nicht bewusst, was Jüdischsein für mich und meine Kultur bedeutet. Deshalb ließ ich mich in der Grundschule bereitwillig von christlichen Werten und vom christlichen Glauben beeinflussen und erziehen, und obwohl meine Mitschüler und Lehrer von Anfang an um meine ausländische Herkunft wussten, wurde ich herzlich aufgenommen und von allen respektiert.

Auch jetzt, wo ich mich zum Judentum bekannt habe und die Leute um mich herum es wissen, werde ich sowohl in der Schule als auch in anderen Bereichen akzeptiert und genauso behandelt wie alle anderen.

Als ich vor fünf Jahren das erste Mal in die Sonntagsschule unserer jüdischen Gemeinde kam, fand ich das angebotene Programm nicht sehr interessant, doch da hatte ich auch noch keinen Bezug zur jüdischen Religion, und so konnte ich vieles, was uns da erzählt wurde, nicht nachvollziehen. Nachdem ich dann jedoch zum ersten Mal in einem jüdischen Sommerferienlager gewesen war und mir die Betreuer dort vieles über das Judentum näher gebracht hatten, und ich zwei Wochen lang nach jüdischen Gesetzen und Geboten gelebt hatte, fing ich an, das Judentum als einen wichtigen Bestandteil meines Lebens anzusehen und stolz auf meine Religion zu sein.

Sowohl die alljährlich stattfindenden Ferienlager als auch die Jüdische Gemeinde wurden ein nicht wegzudenkender Teil meines Lebens, und auch die Menschen in meiner Umgebung haben die Veränderung in mir gespürt und mich unterstützt.

Seitdem habe ich oft darüber nachgedacht, was das Judentum für mich bedeutet, und bin zu dem Schluss gekommen, dass es nicht so sehr die Religion ist, zu der ich mich hingezogen fühle, sondern die Gemeinschaft untereinander, die entsteht, wenn man herausgefunden hat, dass dein Gegenüber auch jüdisch ist. Man findet sofort viele Gesprächsthemen zum Leben, redet über seine Erfahrungen in Deutschland und fühlt sich sofort mit den Menschen um sich herum verbunden. Ich glaube nicht, dass ich jemals streng orthodox jüdisch werde, doch ich werde mich zeit meines Lebens meiner Herkunft und Religion verbunden fühlen und stolz auf sie sein.

Anastasia im Juni 2010

ANASTASIA SIBIRTSEVA

Das zehnte Gebot wird von vielen Menschen als das schwerste der zehn betrachtet. Du sollst nicht begehren deines nächsten Haus. Du sollst nicht begehren deines nächsten Frau, Knecht, Magd, Rind, Esel, noch das, was dein Nächster hat. Und wenn man zum Esel den Mercedes hinzufügt, oder einen schönen Audi oder BMW anstelle eines Esels nennt, dann könnte das für mich das schwerste Gebot sein. Denn ich habe in England nur einen kleinen Honda. Mit dem Esel meines Nachbarn habe ich mehr Schwierigkeit, besonders wenn der Esel die Form eines Mercedes annimmt.

Und mit Roman Abramovitsch könnte es noch schwieriger sein. Es wird nie gesagt, welchen Wagen er fährt, aus Sicherheitsgründen. Aber bestimmt fährt er keinen kleinen Honda. Trotzdem habe ich kein Problem mit seinem Mercedes oder Rolls Royce oder BMW oder super großen Citroën oder was für ein Wagen es immer auch sein mag. So wie ich auch kein Problem habe mit seinen zwei Jachten, seinen drei Flugzeugen – ich glaube es sind nur drei – seinen vier oder fünf Häusern, und mit seinem Chelsea Football Club habe ich schon überhaupt kein Problem. Er kann alles behalten, und ich begehre keinen einzigen Spieler seines Fußballclubs und kein einziges Zimmer in seinen Häusern.

Ich habe ja selber drei Wohnungen, zwei Amtswohnungen in Rostock und Schwerin, und ein Zuhause in England, wo ich schon seit mehr als 45 Jahren wohne. Und obwohl die Möbel bei Abramovitsch sich keineswegs mit dem Sessel und der Couch in meinem privaten Zuhause vergleichen lassen, und obwohl es bei ihm bestimmt viel ordentlicher aussieht als bei mir, möchte ich nicht mit ihm tauschen.

Ich kann mich in meinem kleinen Haus kaum bewegen vor Büchern. Ich schaffe es gerade noch, in die Dusche zu steigen. Und ich schäme mich für die Unordnung im Schlafzimmer. Aber die Aussicht aus dem Schlafzimmer auf die gegenüberliegenden Wiesen und Hügel und Wälder, in denen ich spazieren gehe und wo ich nur junge Rehe zur Unterhaltung treffe und keine Menschen – das alles würde ich mit niemandem tauschen.

Und nicht mit den vielen Hektar Land von Roman Abramovitsch. Denn ich liebe meine Wiesen, die nicht meine sind, und ich bin mehr als zufrieden, ich bin glücklich. Und unendlich und zum Tiefsten dankbar für alles.

Ich glaube nicht, dass ich ein bescheidener Mensch bin. Ich würde am liebsten jedes Mal, wenn ich von Schwerin nach Berlin fahre, 1. Klasse reisen. Aber das kann ich mir nicht leisten.

Ich würde vielleicht auch gerne einen kleinen Jaguar haben, statt des Hondas. Aber den kann ich mir auch nicht leisten.

Und weder die 1. Klasse in der Bahn noch der Jaguar, den ich nicht habe, machen mir irgendwelche Probleme.

Auszug aus: Ten Commandments, Shawuot 5768 + 5769, Rostock, 09.06.2008, Schwerin, 29.05.2009, Predigt von William Wolff

Ten Commandment

Denn ich bin völlig zufrieden mit der 2. Klasse in der Deutschen Bahn. Sie bietet mir genügend Platz, genügend Komfort und genügend Schnelligkeit. Und ich bin nicht nur zufrieden, sondern sehr glücklich mit dem kleinen Honda. Denn er fährt mich, wohin ich will, und sogar schneller als die Polizei das gerne sieht oder erlaubt.

Obwohl ich keine Kinder oder Enkelkinder habe, nach denen ich mich viele Jahre gesehnt habe, habe ich heute doch Glück. Denn ich bin zufrieden. Und das macht mich so reich wie Roman Abramovitsch – und, wer weiß, vielleicht noch reicher.

Und so ist das zehnte Gebot für mich nicht das schwerste, sondern das leichteste von allen.

Ich darf nicht begehren und will auch nicht begehren. Denn Gott hat mir das größte Geschenk von allen gemacht. Er hat mir Zufriedenheit geschenkt. Und mehr hat kein Mensch nötig auf dieser Erde.
Amen

Zehn Gebote

Little Paddock, Südengland im August 2009

Gott beschäftigte sich mit der Zukunft, mit dem Verlauf der Zeit. Die Zeit vollbringt für jeden von uns ein Schicksal, das sich als völlig anders erweist, als wir es erwarten. Mein Häuschen in der südenglischen Provinz genügte mir doch. Mir vielleicht, ja. Aber Gott scheinbar nicht. Darum entwickelt sich unser Leben in einer Weise, die wir nur selten vorhersehen können.

Gott schickt uns nicht ohne Sinn auf diese Welt. Gott antwortet zu einem Zeitpunkt, den nur er bestimmt.

Auszug aus: Toldot, Rostock, 29.11.2008 (Schwerin, 21.11.2009) Verlauf der Zeit, William Wolff

Verlauf der Zeit

EIN SC

William Wolff im KZ Ravensbrück, September 2009

»Ich hatte aber auch Bedenken, weil ich der Naziverfolgung aus dem Wege gegangen bin, oder besser gesagt, weil meine Eltern mich beinahe sofort davor entfernt haben, weil sie schon im September 1933 ausgewandert sind. So bin ich kein Überlebender im strengen Sinne wie jemand, der ein KZ überlebt hat. Der große Unterschied zwischen einem ehemaligen Chef und Kollegen und mir war eben, dass er mit 14 Jahren aus seiner kleinen Stadt in der Slowakei nach Auschwitz abtransportiert wurde. Und zu genau derselben Zeit habe ich auf einer Schulbank in England gesessen, die genau so bequem oder unbequem wie jede deutsche oder sonstige Schulbank war. Aber auf dieser war ich keinerlei Antisemitismus ausgesetzt und schon gar nicht irgendeiner Verfolgung. Ich habe so auch nie die Nazi-Vernichtung der Juden zum Hauptthema meines Lebens gemacht. Natürlich ist das alles nicht spurlos an meiner Familie vorbeigegangen, auch in der Emigration nicht. Aber nachdem der Krieg und die Verfolgung vorüber waren, hatte ich nur einen überragenden Wunsch, ein so normales wie mögliches Leben zu genießen, und das ist mir hoffentlich auch in gewissem Maße geglückt. Ich muss (...) zu meiner großen Schande gestehen, dass ich auch noch nie in Auschwitz war oder auf irgendeinem anderen KZ-Areal. Ich war einfach zu feige; ich hatte Angst, es würde mich zu sehr aufregen. Aber ich weiß, dass ich doch einmal hin nach Auschwitz muss. Das bin ich den Opfern schuldig.«
William Wolff

Auszug aus: »Persönliche Streiflichter auf ein schweres Kapitel«
Rede des Landesrabbiners der Jüdischen Gemeinde in Mecklenburg-Vorpommern William Wolff vom 27. Januar 2005, herausgegeben von der Landeszentrale für politische Bildung Mecklenburg-Vorpommern, Schwerin 2005

WERES KAPITEL

9. November – schon

Dass der Schicksalstag in der deutschen Geschichte auch ungeheure Schattenseiten kennt, scheint die öffentliche Wahrnehmung in Deutschland momentan gedankenlos zu ignorieren, wenn sie jene Schattenseiten nicht schon längst vergessen hat (womit gemeint sein soll, dass sie die Bedeutung dieser Schattenseiten nicht mehr kennt, sich der Faktizität jedoch bewusst ist).

Ich kann und will es den Deutschen nicht absprechen, dass sie sich momentan zu Recht sehr ausgiebig mit dem Mauerfall-Jubiläum beschäftigen, sei es in den Printmedien oder im Fernsehen. Und auch ich hege großes Interesse an diesem Ereignis, denn es ist auch ein Teil der Geschichte meiner Familie und somit ein Grundstein meines persönlichen Schicksals. Ein Jahr nach dem Mauerfall wurde ich geboren, und auch ich sollte dankbar sein, dass es vor 20 Jahren tausende mutige Menschen gab, die diese Revolution ermöglichten und mir damit eine Jugend in einer Diktatur ersparten. Schon allein aus einem persönlichen politischen Ideal heraus muss ich mit Begeisterung auf das Jahr 1989 blicken.

Doch vor allem ist der 9. November für mich noch immer der 9. November des Jahres 1938, der Tag, an dem die Deutschen zu Augenzeugen des Vernichtungswillens der Nazis und somit zu Mitwissern (für mich damit auch zu Mittätern) wurden. Dieser Tag wirkt bis heute nach und stellt die Ereignisse des Jahres 1989 in ein historisch äußerst pikantes Licht. Im Prinzip legte das deutsche Volk an diesem Tag einen der Grundpfeiler für die spätere Teilung des Landes und ließ die spätere Wiedervereinigung in nicht wenigen Augen als ungerecht erscheinen.

Der 9. November 1938 scheint mir ein Tag zu sein, den die Deutschen dieses Jahr verschlafen werden... Sie werden feiern, und die jüdischen Wunden sind noch immer nicht vollständig verheilt – egal, wie sehr man das auch immer beschwört. Eine deutsch-jüdische Normalität (was auch immer das sein soll), wie es sie vor dem Holocaust gab, kann und wird es nie wieder geben, und daher frage ich mich, warum man sich auf ein solches Ziel konzentriert, wenn es doch ganz und gar absurd ist. Was uns – Juden wie Deutschen gleichermaßen – bleibt, sind Trauer, Aufarbeitung und die Motivation, Neues zu schaffen. Denn das Alte wurde unwiderruflich vertrieben und ermordet.

Doch wie kann man von einer Blüte jüdischen Lebens und wahrhaftiger Reue sprechen, wenn einem die Katastrophe der Vergangenheit nicht bewusst ist?

7. November 2009, Ronny Yitzchak Rohde aus seinem WebTagebuch

vergessen?

9. November 2009 in Schwerin

William Wolff im ehemaligen Gefängnis des KZ Ravensbrück, September 2009

Auszug aus: Holocaust-Gedenktag, 21.04.2009, William Wolff

Niemals vergessen

Der Gedenktag an die sechs Millionen unserer Gemeinschaft, die von den Nazis wissentlich und mit Absicht umgebracht wurden, ist da, um uns zu erinnern, dass jeder Mensch diese Welt in unsterblicher Weise bereichert und dass, wie ein englischer Dichter sagte, der Tod eines jeden Menschen uns ärmer macht, so viel oder wenig Geld wir auch auf unserem Bankkonto haben. Durch den Tod der Opfer der Judenvernichtung während der Nazi-Herrschaft sind wir bis heute ärmer – so viel steht fest.

Sie sind unnötigerweise gestorben. Unnötig, weil ihr Tod nichts erzielt und nichts bewirkt oder erreicht hat. Es war eine Ausrottung ohne Sinn und ohne jegliche Barmherzigkeit.

Aber zweierlei können wir noch für sie tun. Erstens: Sie niemals vergessen. Das ist unsere Aufgabe, das ist unsere Mission als Mitglieder desselben Volkes und derselben Glaubensgemeinschaft. Und zweitens müssen wir Lehren daraus ziehen, die unserer Menschheit mehr Würde und mehr Sicherheit auf dieser Erde verleihen.

Ein Völkermord kommt nicht von irgendwo her. Bevor Menschen einen Mord begehen können, müssen sie das Leben missachten. Müssen sie das Leben betrachten als etwas, worüber Menschen frei verfügen können. So wie wir über Ei und Tomate in einem Salat verfügen.

Darauf hat das Judentum eine dringende Antwort. Das Judentum lehrt, dass jeder menschliche Körper nicht nur von seinen Eltern gezeugt ist. Jeder menschliche Körper ist auch der Sitz, das Zuhause einer göttlichen, unsterblichen Seele. Diese Seele ist heilig, und heilig bedeutet unantastbar durch menschliche Hand.

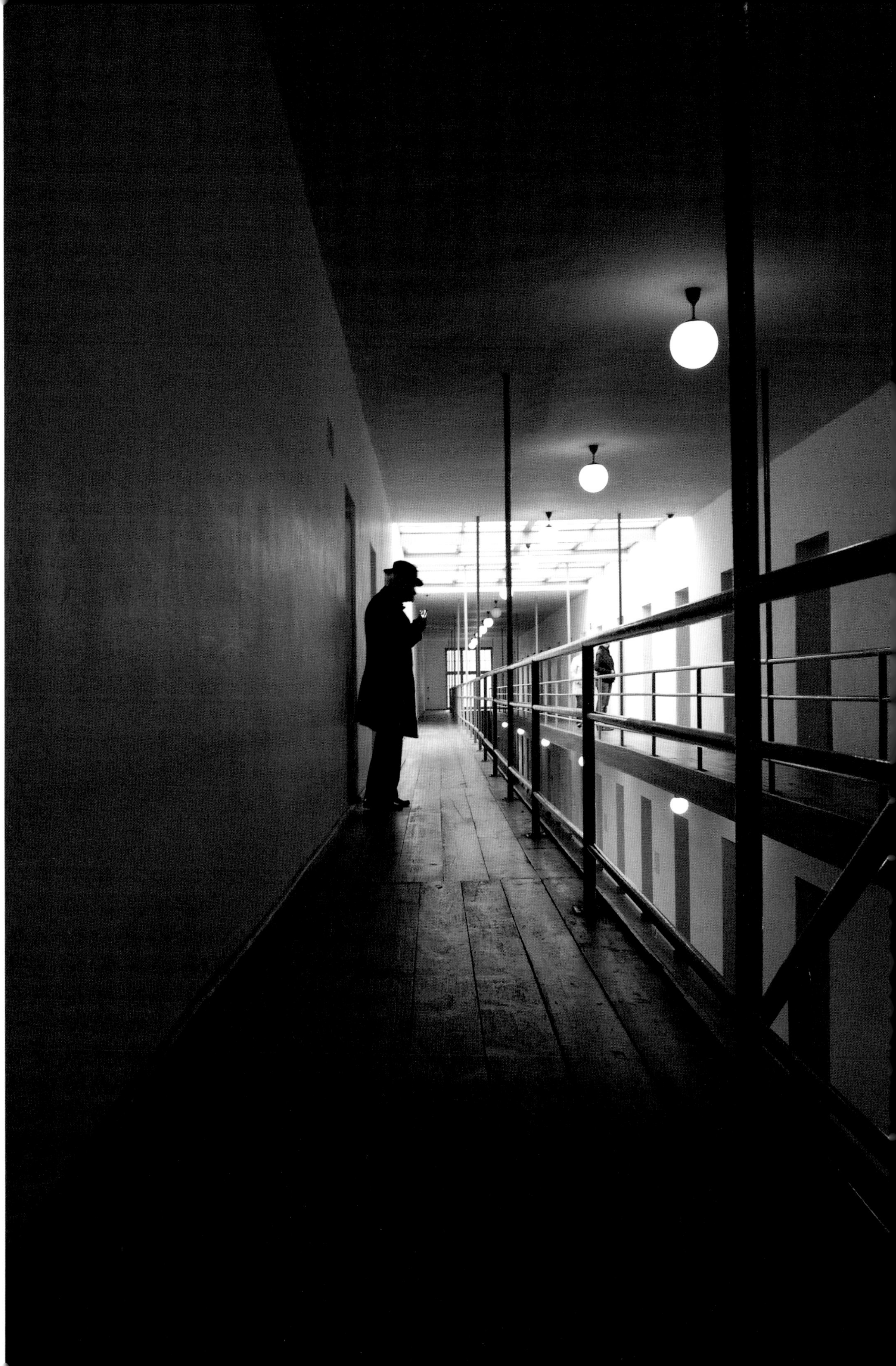

Mit der Frage, warum Gott ausgerechnet sein auserwähltes Volk in solch hohen Maßen leiden lässt, wird ein religiöser Jude immer wieder konfrontiert.

Viele Gelehrte haben sich an das Thema Holocaust gewagt, doch niemand konnte in meinen Augen eine befriedigende Erklärung abliefern. …

Ich selbst mache mir zwar Gedanken, finde aber nicht einmal den Ansatz einer Erklärung, um das Unbegreifliche nachvollziehbar zu machen. Vielleicht ist das ja auch gut so. So sehr sich Rabbiner, Pfarrer, Philosophen oder was weiß ich, sich auch bemühen mögen, eine theologische Erklärung für den Holocaust zu finden, werden sie wohl immer scheitern, und der Sinn des Leidens des Volkes Israels, der Sinn des Leidens der Menschheit wird sich wohl erst dann offenbaren, wenn sich Gott den Menschen wieder offenbart.

In Hezekiel fand ich dazu den folgenden, passenden und sehr schönen Vers:

»Und erstehen lass ich ihnen eine Pflanzung zum Ruhm, dass es nicht mehr vom Hunger Geraffte gibt im Land, und sie den Schimpf der Völker nicht mehr tragen. Und sie werden erkennen, dass ich, der Ewige, ihr Gott, mit ihnen bin, und sie mein Volk sind, Haus Israel, ist Gottes Spruch, des Herrn.« (34,29-30)

8. September 2009, Ronny Yitzchak Rohde aus seinem WebTagebuch

und **Leid**

Ronny Ytzchak Rohde mit dem jüdischen Großvater seiner armenischen Freundin am 9. November 2009,
der Pogromnacht von 1938 gedenkend

William Wolff im KZ Ravensbrück, September 2009

… Gott, der uns begleitet, wo wir auch sein mögen. Nach Auschwitz ist die Idee von Gott als Beschützer fraglicher. Das muss heute noch mal von der Theologie überdacht werden.

Auszug aus: Beschallach, Schwerin, 07.02.2009, Adonay Isch Milchamah, William Wolff

WO WAR GOTT IN AUSCHWITZ?

Wir, die Hinterbliebenden, die Kinder…

Auszug aus: »Unsere Rolle in der jüdischen Geschichte«,
Schwerin, 05.06.2009, William Wolff

Neulich war ich in Krakau. Bitte entschuldigen Sie, wenn ich Ihnen heute erzähle, wo ich mich überall herumtreibe, das ist einer der Vorteile, wenn man alt und allein ist, man kann hin, wohin man will, nicht direkt nach Honolulu oder Alaska, aber im bescheidenen Maße nach Kairo – wo ich nicht jede Woche hinfahre – oder nach Krakau. Und das war schön und spannend, schön, weil es viel barocke Architektur zu zeigen hat, und auch unendlich traurig. Denn bis 1939 war Krakau eine der großen Städte jüdischen Lebens in Europa. Ein Nachschlagewerk sagt mir, dass in der Stadt 50.000 Juden wohnten, ein anderes nennt 45.000. Aber beide sind sich einig, dass Juden ein Viertel der ganzen Bevölkerung ausmachten. Und heute gibt es höchstens 6.000 Juden in ganz Polen, wovon möglicherweise 800 oder 1.000 in Krakau wohnen. Der deutsche Judenvernichter hat sein Werk sehr gründlich gemacht, und das heutige jüdische Leben in Europa ist ein blasser Abklatsch von dem, was es einst war. Und in Polen, besonders in Krakau, gibt es kein jüdisches Leben mehr, das diese Bezeichnung verdient. Ich habe schließlich den großen Vorteil, aus einem Teil Londons zu kommen, das ein pulsierendes jüdisches Leben hat, wo, wenn Sie um 13.00 Uhr Kaddisch sagen wollen, ein Minjan, eine Gebetsgruppe sich trifft, wo Sie Kaddisch sagen können, wenn Sie es um 14.00 Uhr oder 16.00 Uhr oder 18.00 Uhr oder 19.00 oder 20.00 Uhr tun wollen, gibt es Gebetsgruppen und Gebetshäuser, wo dies möglich ist und Sie herzlich willkommen sind, auch noch um 22.00 Uhr. Und in Krakau – nichts. Die Judenvernichtung war sehr gründlich.

Und das verleiht uns, den Überlebenden oder den Kindern und Enkelkindern der Überlebenden, einen historischen Auftrag, der eigentlich eine Mission ist. Das wurde mir klarer denn je in Krakau.

Normalerweise, wenn ich gefragt werde, was denn der Zweck eines religiösen Lebens sei, eines jüdischen oder eines christlichen oder muslimischen, so meine ich, es sei hauptsächlich eine Bereicherung unseres seelischen Lebens. Denn Judentum, wie alle Religionen, legt besonderen Nachdruck auf die Seele, befasst sich mit dem Leben der Seele auf dieser Erde und einer Zukunft in einer anderen Dimension, welche das Judentum »Olam Habba«, die nächste Welt, nennt. Und außerdem gibt uns das Judentum auch eine Beziehung zu dem großen Mysterium des Weltalls, in dem wir nur Zwerge sind. Das, meine ich oft, genügt. Das gibt uns und unseren Seelen genug zu tun auf dieser Welt.

Aber Krakau hat mich überzeugt, dass es nicht genügt. Krakau hat mir klar gemacht, dass wir eine Aufgabe haben, sogar eine Mission, die weit über unser tägliches Leben hinausreicht. Und die lautet: Erhalten der Überreste des jüdischen Erbes, die uns noch in Europa geblieben sind. Ob es möglich ist, noch mal in Zentraleuropa ein kräftiges, dynamisches jüdisches Leben aufzubauen, das ist eine Frage, auf welche die letzten 60 Jahre uns die Antwort noch schuldig geblieben sind. Aber der Talmud gibt uns einen Hinweis, steht doch dort geschrieben: Es ist nicht unsere Aufgabe, auf Erden unser Werk zu vollenden.

Aber wir dürfen auch nicht aufhören, es zu versuchen. Wir dürfen nicht die Finger davon lassen.

In einer Hinsicht ist das Judentum wie eine Flamme, und das nicht nur, weil es extra Licht und Wärme in unser Leben bringt. Aber genau wie eine Flamme immer gefüttert werden muss, wenn sie nicht ausgehen soll, gefüttert mit Sauerstoff und mit Brennmaterial, sei es Wachs, sei es Holz, sei es Gas, sei es Kohle, so muss unser Judentum ständig gefüttert werden, wenn es nicht in der säkularen Welt ersticken soll. Gefüttert mit unserer Liebe, gefüttert mit unserer Praxis. Denn in dem Moment, wo Juden kein Schabbat mehr feiern, wo Juden nicht mehr beten und nicht mehr die Torah lesen, wo keiner der jüdischen Feiertage mehr eingehalten wird, sei es das Neujahrs- oder das Pessachfest, sei es das Wochenfest, Schawuot, das wir vor einer Woche gefeiert haben, wo keines der Speisegesetze mehr eine Rolle spielt, in dem Moment ist Judentum tot, bedarf es nur noch einer Trauerrede und eines Kapitels in den Geschichtsbüchern für Abiturienten.

Und die Entscheidung, ob wir dem europäischen Judentum weiteres Leben schenken oder es eingehen lassen wie eine Pflanze, auf die man kein Wasser mehr gießt, liegt nur bei uns. Es gibt keine anderen Juden in Europa, auf die wir uns noch verlassen können, so wie es sie noch vor sechzig oder siebzig Jahren gab, wo es eine halbe Million Juden in Deutschland gab und drei Millionen in Polen.

Heute gibt es nur uns. Das ist unsere Lage in der europäischen, jüdischen Geschichte. Und mit dieser traurigen Lage kommt eine Mission, die uns inspirieren darf. Dem europäischen Judentum neues Leben zu schenken, ein Leben mit Wurzeln so stark, das weit über unsere eigene Zeit hier auf Erden andauern kann.

Das ist die geschichtliche Bedeutung unseres Lebens. Das ist die geschichtliche Mission unseres Lebens. Geschichtlich, denn nur wir können die Geschichte der Juden in Europa weiterschreiben. Nur wir. Amen

Auszug aus: Offenbarung, Is it True? Schwerin, 18.06.2010, William Wolff

Is it True? Ist es wahr?

Aber was ich tue, scheint mir wichtiger zu sein, als was ich glaube.

Was wir tun, prägt uns als Juden mehr, als was wir glauben, ... es ist so einfach, Jude zu sein – und auch so schwer, aber es bleibt immer eine göttliche Bereicherung für die Tiefen unserer Seelen.

»Und abends bellten die Hunde« Lesung in Fürstenberg. Fürstenbergerinnen und Fürstenberger erinnern sich an das KZ Ravensbrück, September 2009

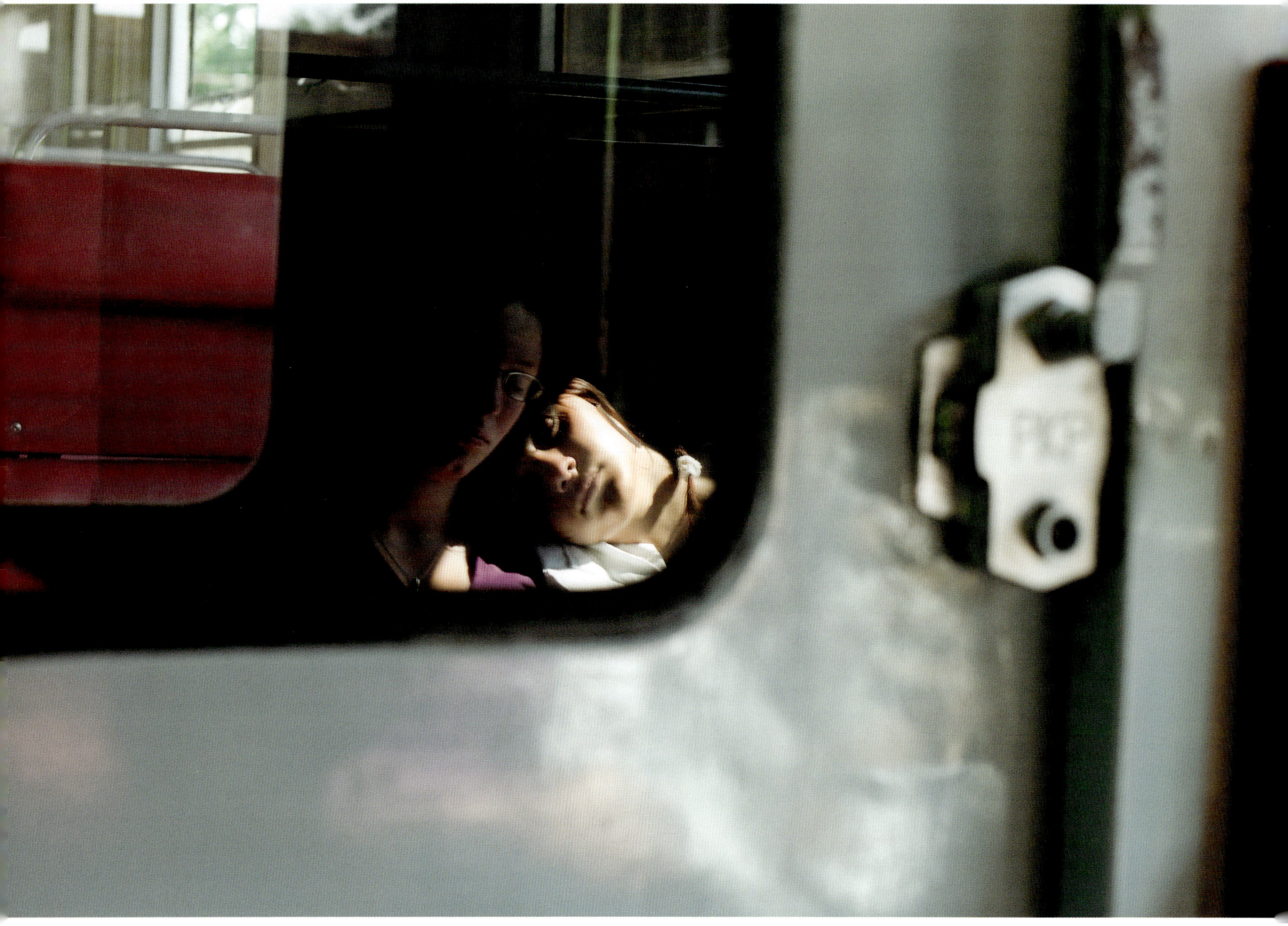

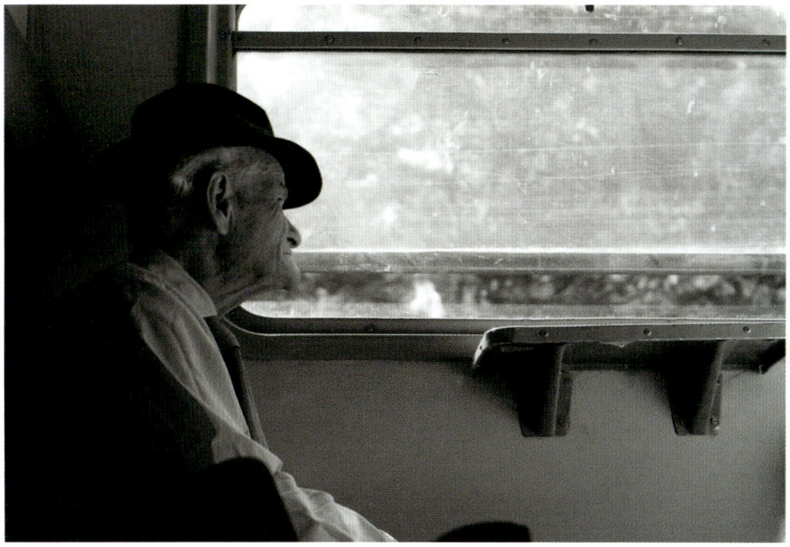
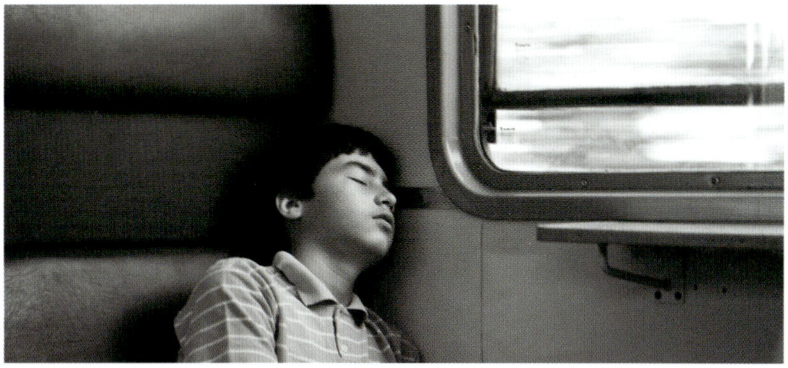
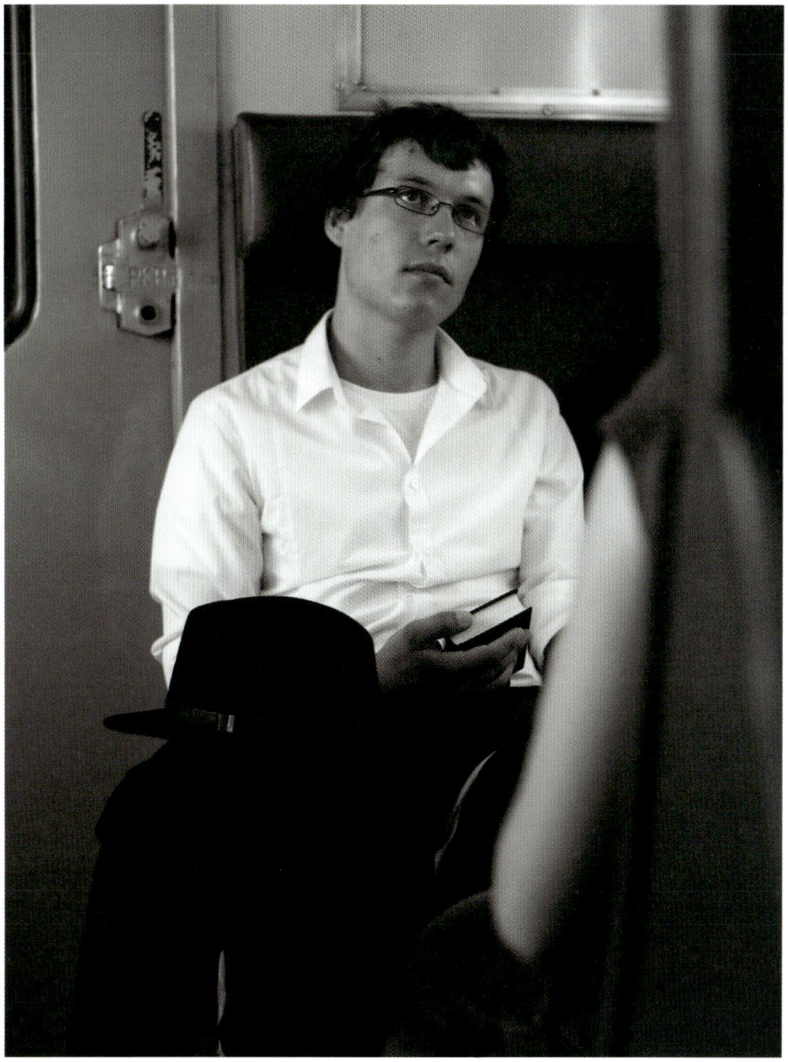

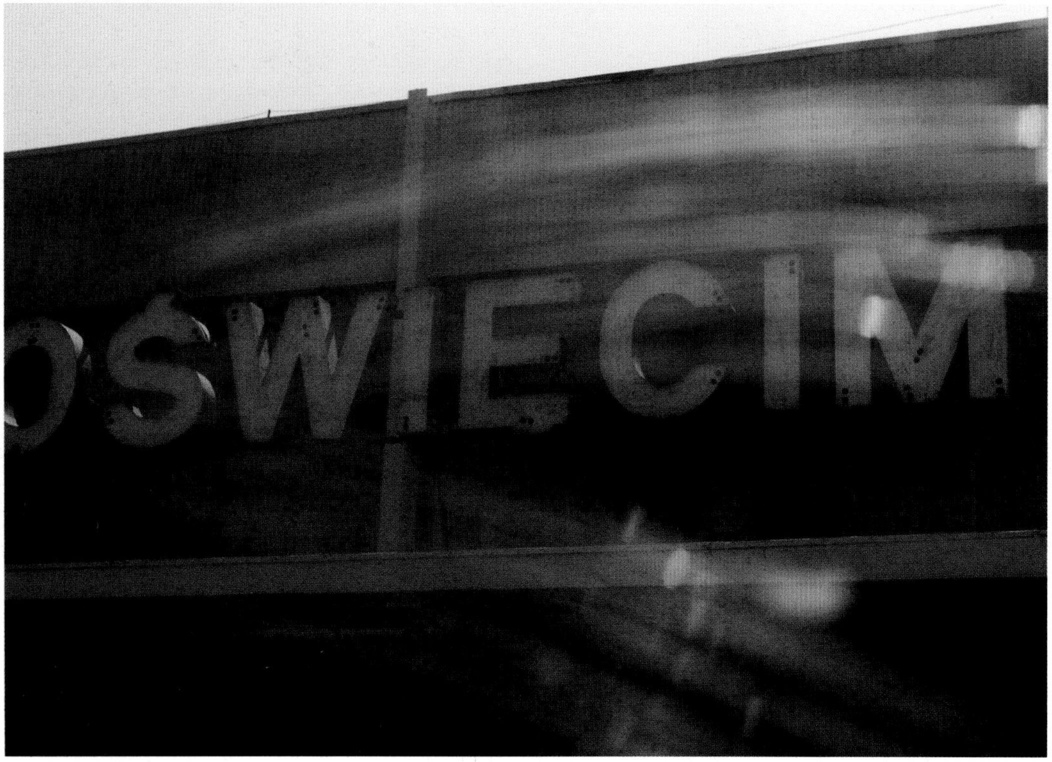
OŚWIECIM

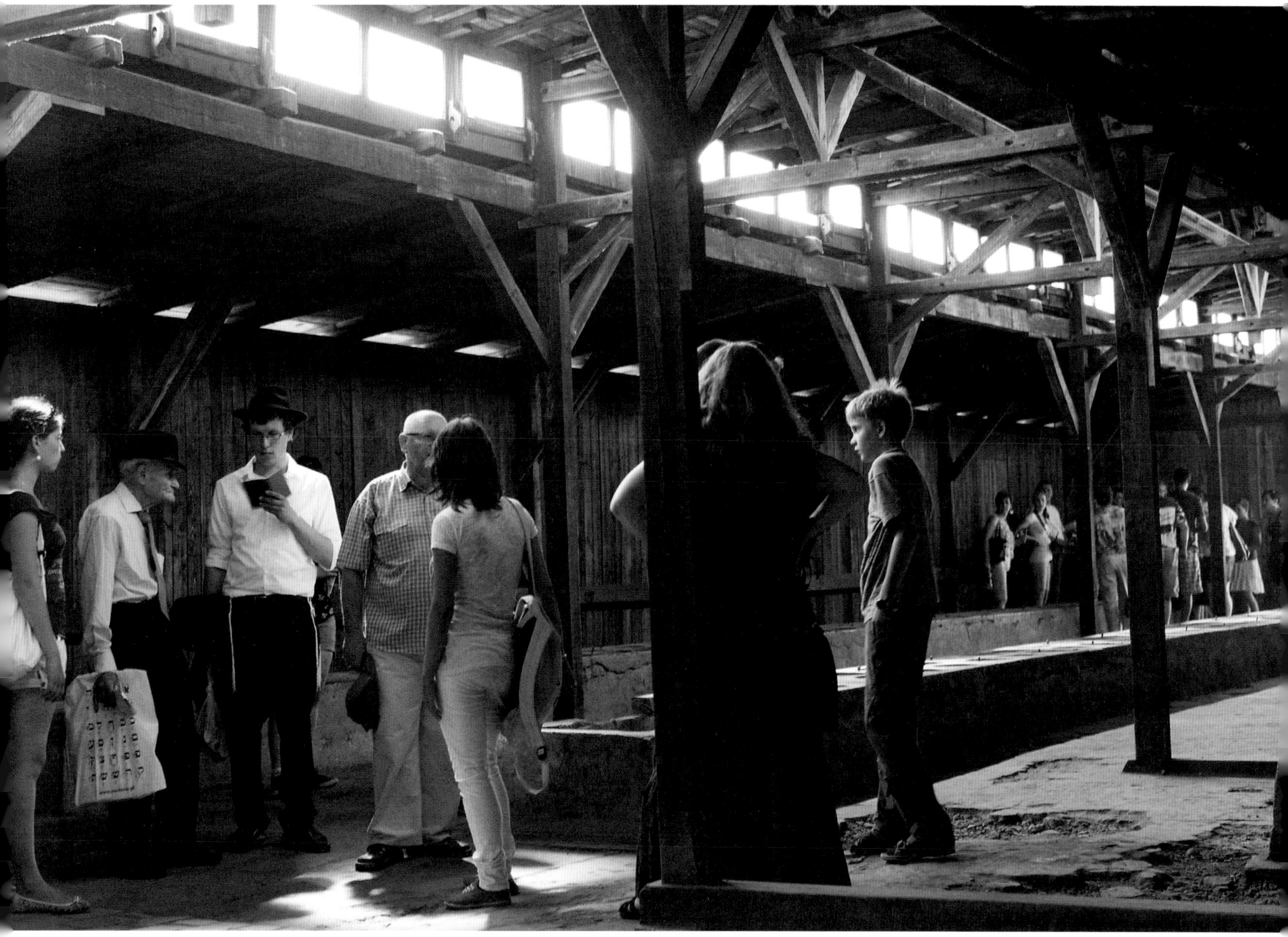

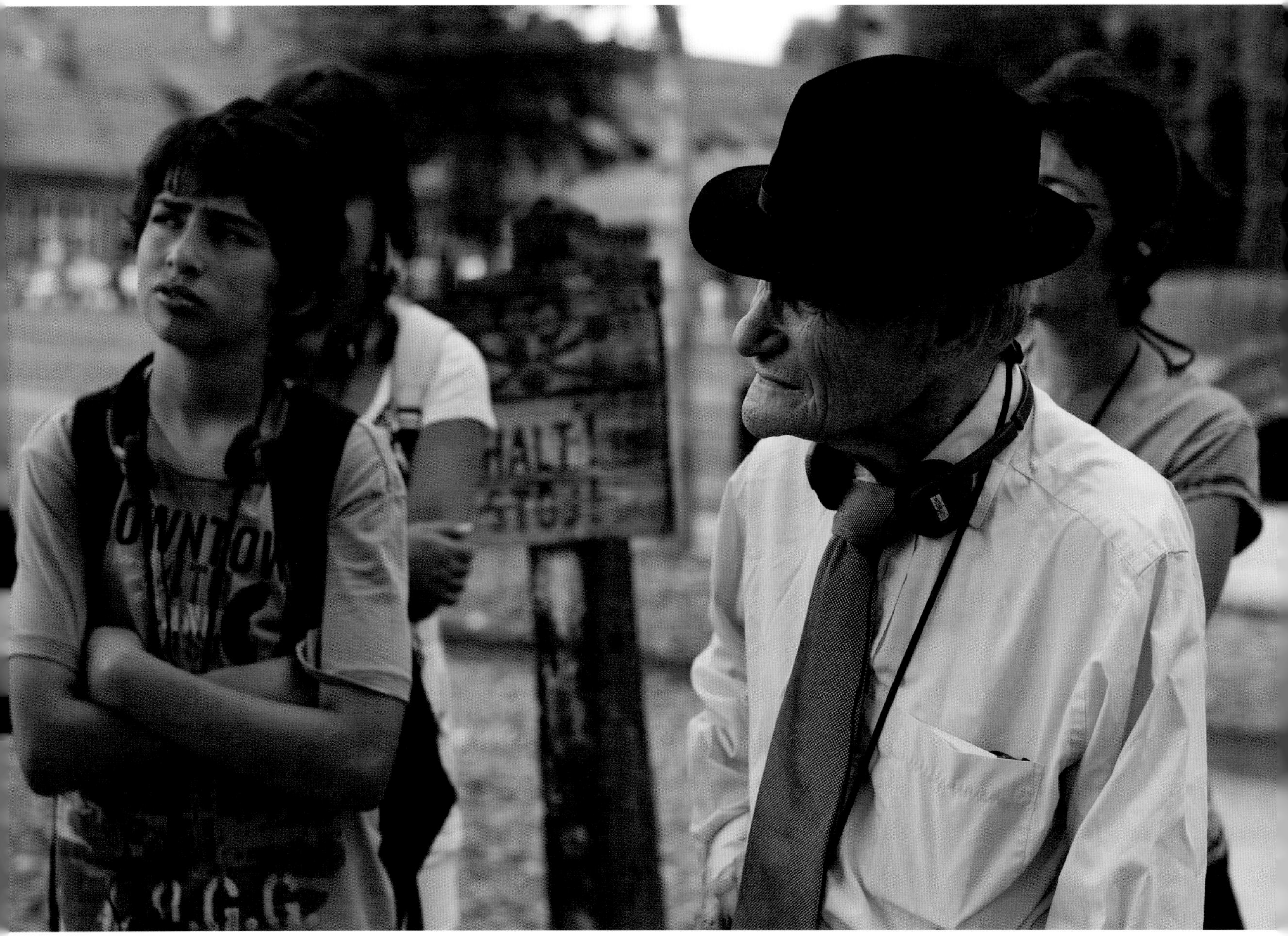
HALT!

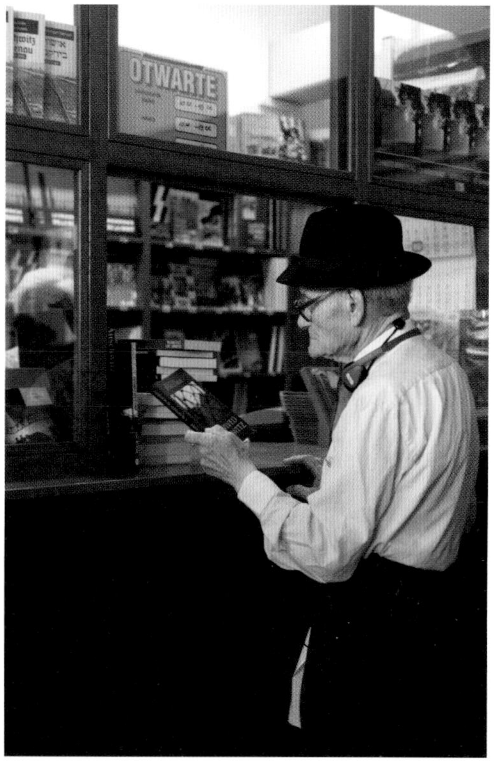
OTWARTE

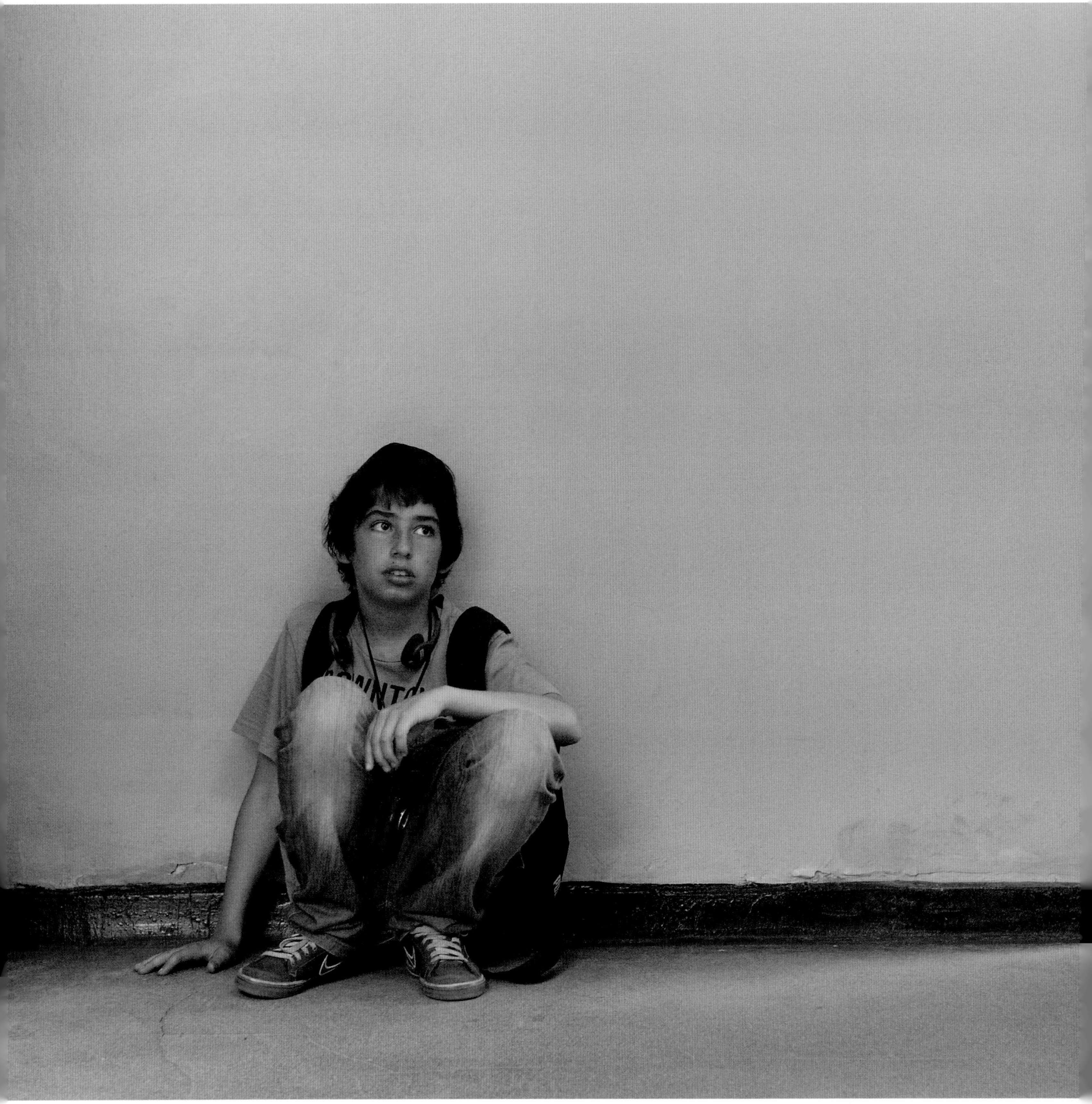

18
BLOCK

JUNE 1940
BEGINNING OF DEPORTATIONS OF POLES. THE NAZIS
CAMP 140-150 THOUSAND POLISH PRISONER HALF OF THEM PERISHED.
JUNE 1941
BEGINNING OF DEPORTATIONS OF 25 THOUSAND PRISONERS OF VARIOUS NATIONALITIES. ABOUT HALF OF THEM PERISHED.
SUMMER 1941
BEGINNING OF DEPORTATIONS OF 15 THOUSAND SOVIET POWS. MOST OF THEM PERISHED.
MARCH 1942
BEGINNING OF MASS DEPORTATIONS OF 1,1 MILLION EUROPEAN JEWS. AUSCHWITZ STARTED FULFILLING TWO FUNCTIONS: WHILE REMAINING A CONCENTRATION CAMP, IT BECAME A SITE OF THE HOLOCAUST, THE BIGGEST MASS MURDER IN THE HISTORY OF MANKIND, PERPETRATED BY THE NAZIS. ABOUT 1 MILLION DEPORTED JEWS WERE MURDERED BY THE SS MAINLY IN GAS CHAMBERS.
FEBRUARY 1943
BEGINNING OF DEPORTATIONS OF 23 THOUSAND ROMA (GYPSIES) 21 THOUSAND OF THEM PERISHED.
ARESZTOWANIE ZAKONNIKÓW, FRANCISZKANÓW Z NIEPOKALANOWA, 1939 R.
FRANCISCAN MONKS FROM NIEPOKOLANÓW BEING ARRESTED, 1939.

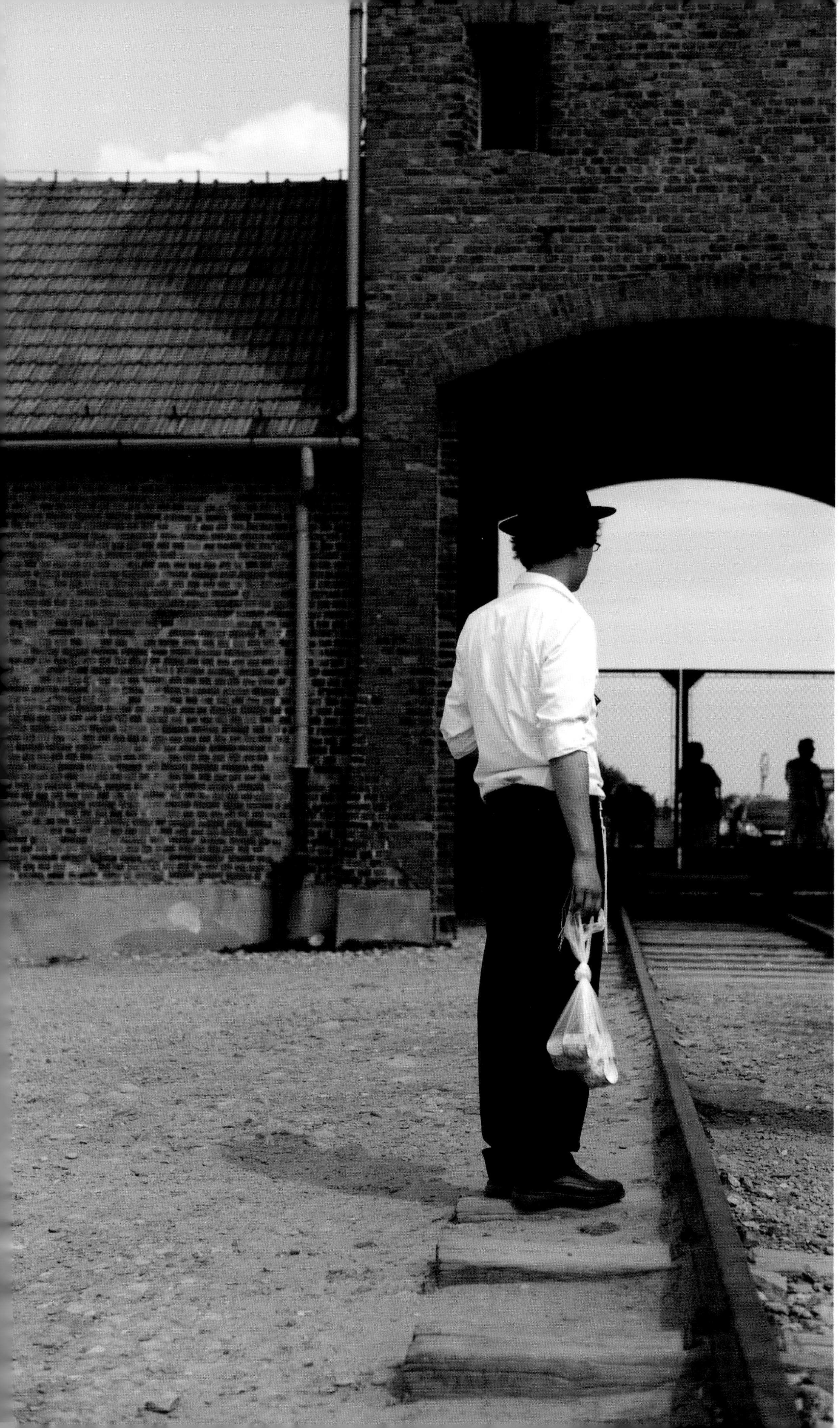

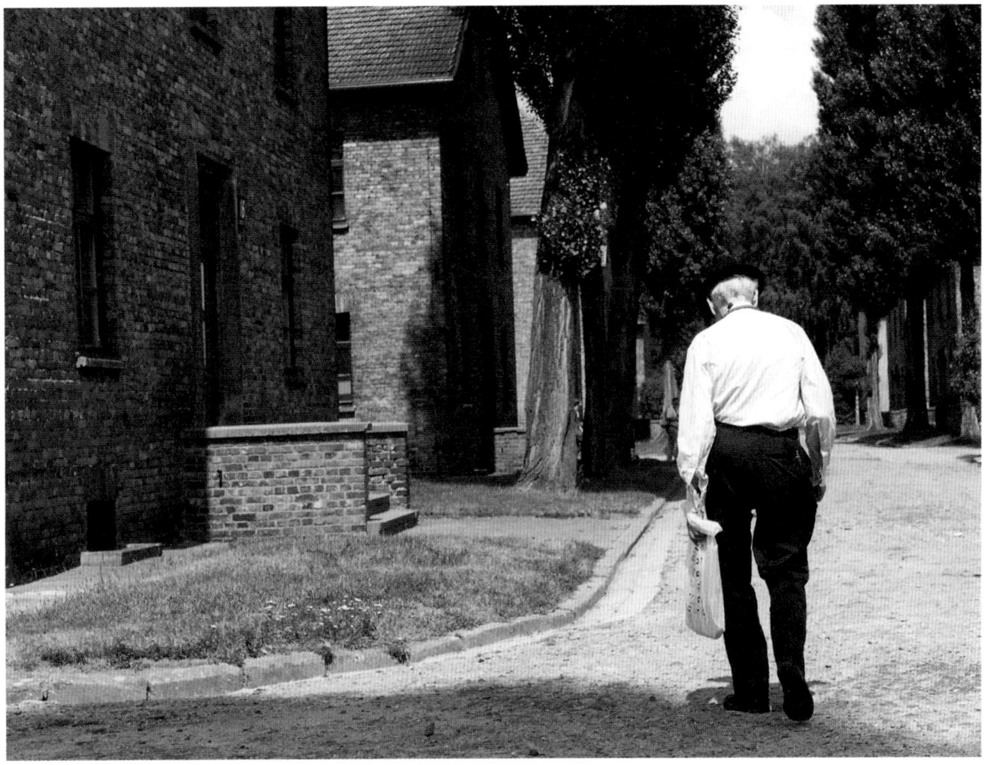

21. Juli 2010

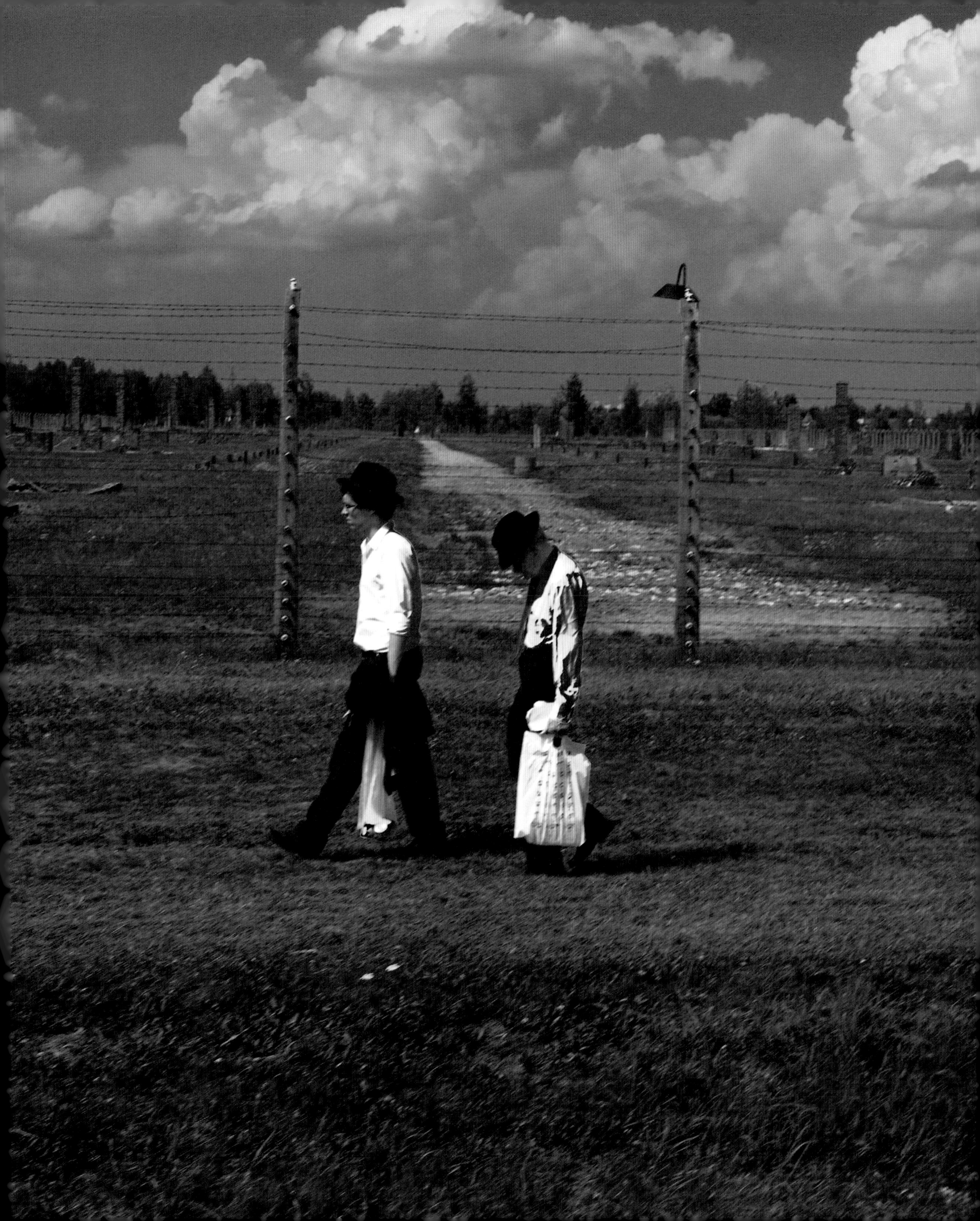

»Nun wissen die Kinder, was es bedeutet, Jude zu sein«, sagte mein Rabbiner, als wir gemeinsam an den Gleisen von Auschwitz-Birkenau vorbeigingen, nachdem wir soeben mit dem Kaddisch und dem Entzünden von Seelenlichtern all der Toten gedachten, die an jenem Ort ihr Martyrium antraten, und deren Leiden eine neue Vorstellung von Moral und Menschlichkeit erzwangen.

Auschwitz, so brachte man es mir bei, sei ein Ort, dessen Wirkung sich mit Worten kaum beschreiben lässt, und der einem schlicht ein Gefühl der Ohnmacht vermittelt. Mag man sich noch so laut über die scheinbar leblose, durch Reden und Schweigeminuten geprägte, deutsche Gedenkroutine und -kultur beklagen, muss man spätestens dann, wenn man an dem Ort war, der das Gedenken wie auch das Umdenken erzwingt, mit Ernüchterung und schmerzender Ohnmacht feststellen, dass es keine Alternative zum Stehen, Schweigen und Mahnen geben kann.

Ohnmacht – dies ist der Zustand, der einen überfällt, sobald man die Losung über dem Tor von Auschwitz erblickt, Kleidung sieht, die wehrlose Kinder Minuten vor ihrer Ermordung ausziehen mussten und den Kiesboden von Birkenau betritt. Es ist eben dieses Wort, welches erklärt, weshalb sich andere Worte nicht niederschreiben lassen wollen, weshalb man nicht weiß, was zu tun ist und wie man angemessen gedenken kann.

Auschwitz, nur so kannte ich es, war stets ein farbloser Ort. Eine Erinnerung in unser aller Gedächtnis, derer wir uns von Zeit zu Zeit immer wieder einmal bewusst besinnen, oder deren Bilder immer wieder mal in verschiedenen Kontrasten, aber immer nur in den Tönen Schwarz und Weiß durch unsere Köpfe fliegen. Es waren Momentaufnahmen, die ich kannte und die für mich ein Sinnbild des Grauens waren und es immer sein werden. Doch vor allem waren es Aufnahmen, die für die kollektive Identität meines Volkes zwar entscheidend sind, aber dennoch aus einer anderen Zeit stammen – egal wie sehr sie uns auch immer wieder beschäftigen mögen.

Plötzlich stand ich an der Stelle dieser Aufnahmen, dieser Erinnerungen und musste feststellen, dass auch dieser Ort Farben kennt und die Sonne vom Himmel strahlt, was es unmöglich macht, sich vorzustellen, was an genau der Stelle, an der ich stand, als mich eben dieser Gedanke erhaschte, passiert ist. Nun ist Auschwitz nicht mehr nur eine grausame Erinnerung, sondern mehr noch als vorher eine gewaltige Unfassbarkeit, Sinnbild des Unvorstellbaren. Ich stand auf jenem Massengrab meines Volkes, kannte all die Bilder, all die Tränen und war doch nicht in der Lage, von einem Schauer gepackt zu werden. Während ich an der Rampe stand, fühlte ich mich schuldig und meinte, ich könne der Opfer, meiner toten Familie nicht gedenken. Ich schämte mich sogar. Bis ich doch – und dies empfinde ich nachhaltig als große Erleichterung – eine Erklärung fand: aus der Unvorstellbarkeit entstand die besagte Ohnmacht, die es auch in just diesem Moment nahezu unmöglich macht, genau diesen Satz zu vollenden; die es mir in Auschwitz unmöglich machte, auszudrücken, was mich bewegte, was mich doch in meinem Herzen quälte. Sehr wohl habe ich gelitten, hätte schreien können, doch als ich der Dimension der Vergangenheit ins Gesicht blickte, verstummte ich und wurde zu einem leblosen Klotz. Dafür muss man sich nicht schämen. Doch Auschwitz wird mich nun durch diese Erfahrung, mein emotionales Ausdrucksvermögen verloren zu haben, mehr noch als vorher stets als Erinnerung begleiten, eine noch intensivere Auseinandersetzung erzwingen.

Auschwitz, so ist es uns allen bekannt und so hört man es immer wieder, war eine Zäsur in der Geschichte des jüdischen Volkes. Es drohte das Ende unserer Geschichte zu werden und brachte letzten Endes nach fast 2.000 Jahren die große Wende. Aus dem Leid durfte sich nur Kraft schöpfen lassen, die wir nur durch die stetige Erinnerung bewahren können. »Ohne Erinnerung gibt es keine Erlösung«, und so lässt sich die Freiheit unseres Volkes nur dadurch bewahren, dass wir uns daran erinnern, was es vor nicht allzu langer Zeit bedeutete, Jude zu sein, welchen unschätzbaren Wert unsere Freiheit hat – sei es als jüdischer Staat oder als kleine jüdische Gemeinde im Land der Täter. Nur so können wir unsere Freiheit als ein göttliches Geschenk bewusst genießen und erkennen, wann wir vielleicht gefordert sein könnten, diese Freiheit entschlossen zu verteidigen.

Tatsächlich war Auschwitz in der Erinnerung und der abstrakten Vorstellung immer der Ort, der mir bewusst machte, was es für meine Großeltern bedeutete, Juden zu sein und was es wohl bedeuten kann, Jude zu sein. Dies war mir stets bewusst und wichtig für meine jüdische Identität, welche fast alle Juden auf der Welt in genau diesem Punkt gemeinsam teilen, egal welcher religiösen Facon. Doch es war eben eine Gefahr der Vergangenheit oder des Konjunktivs.

Auschwitz ist passiert, vielleicht könnte Auschwitz auch wieder passieren, aber eigentlich bin ich mir doch sicher, dass Auschwitz nicht wieder passieren wird und im Moment gibt es kein Auschwitz, und auch wenn man als Jude ausgerechnet in Deutschland lebt, hat man nicht das Gefühl, ständig mit Auschwitz als ultimativem Ausdruck für sinnlosen Hass konfrontiert zu sein.

Nein, Jude zu sein, bedeutet heute, Gott sei Dank, nicht mehr, zu leiden.

Und doch sind die Worte meines Rabbiners nicht anzuzweifeln, auch wenn sie recht pessimistisch und düster klingen mögen.

Jude zu sein muss bedeuten, sich seiner Geschichte bewusst zu sein und mit Dankbarkeit durch das Leben zu schreiten. Nirgendwo lernt man diese Lektion besser als in Auschwitz-Birkenau.

Als ich beim Totengebet Tränen vergoss und über die Bahngleise von Auschwitz schritt, lernte ich tatsächlich, was es bedeutet, Jude zu sein.

25. Juli 2010, Ronny Yitzchak Rohde aus seinem WebTagebuch

Nach Auschwitz: Was es bedeutet, Jude zu sein

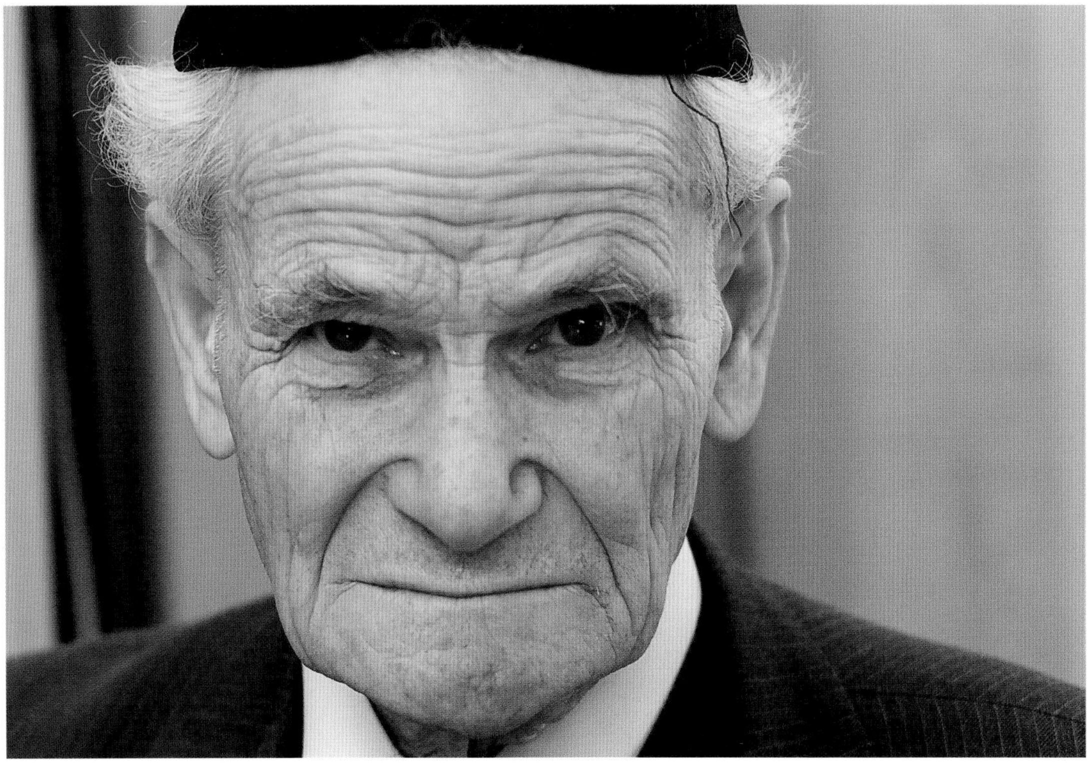

a) Eine Verleugnung der Vernichtung kommt nicht in Frage.
b) Vergleiche hat das, was passiert ist, nicht zu fürchten. Gerade Vergleiche als »eines der Hauptwerkzeuge der menschlichen Kultur« werden das Inkommensurable des Geschehenen an den Tag bringen.
c) Keine Angst vor einer Wiederholung der Geschichte!...
William Wolff

Um Ihm zu folgen, kann ich verstehen.
Um Ihn zu hören, kann ich sehen.
Um Ihm zu danken, kann ich leben.
Um Ihn zu ehren, kann ich beten.
Alexander Trempel

ALEXANDER

TREMPEL

1986 in Dnepropetrowsk, Ukraine, geboren. Er ist kein Jude.

Alexander lebt seit dem Jahre 2000 in Schwerin, mit seiner Mutter und seinem Bruder. Seine Großeltern sind Deutsche. Die religiöse Lebensweise seiner Eltern, Vater russisch-orthodox, Mutter Christin, lehrte Alexander eine gewisse Gottesfürchtigkeit. Philosophische Gespräche und Auseinandersetzungen folgten. Seit seinem 16. Lebensjahr tastet er sich langsam an die Kultur des Judentums heran. Diese Kultur gab ihm einen Sinn. Seit seinem 18. Lebensjahr hält er die Speiseregeln ein, und seit einem Jahr besucht Alexander regelmäßig die Jüdische Gemeinde, nimmt am Hebräischunterricht und an Gottesdiensten und Schabbatfesten teil und ist seit diesem Jahr Mitglied der Jüdischen Gemeinde. »…Eine Konversion zum Judentum ist kein plötzlicher, schneller Übertritt, sie ist körperlich und geistig nicht möglich«, sagt er. Dieser Übergang und die Anerkennung der Glaubensgemeinschaft kann sich Jahre, Jahrzehnte hinziehen. Er ist dazu bereit.

Alexander im März 2010

Ich habe das Ende meiner Kindheit und die ersten Jahre als Jugendlicher, als Teenager, im Zweiten Weltkrieg erlebt. Und von dem Moment an, als die ersten Sirenen über London zu heulen anfingen, um uns über die neue Gefahr zu informieren, von dem ersten Moment an war jedem klar, dass dieser Krieg nicht ewig dauern würde, dass er innerhalb weniger Jahre vorbei sein würde. Er hat dann doch mehr als fünf Jahre gedauert, aber der Frieden, der uns dann seinen Segen brachte, kann nicht mehr zerstört werden. Das weiß jeder Engländer, jeder Franzose und jeder Deutsche.

Frieden
**Auszug aus: Jakob und Esaus Versöhnung,
Schwerin, 05.12.2009, William Wolff**

William Wolff in seinem südenglischem Zuhause »Little Paddock«

GEORGIY

BUDARATSKIY

Auszug aus: Chaje Sarah, 10. Oktober 2010
Predigt zur Bar Mitzwa für Georg von William Wolff

Abraham wünschte sich eine Schwiegertochter für seinen Sohn Isaak, die lieb und nett und besonders hilfsbereit ist. Sie sollte einen spontanen Erweis von Herzensgüte bringen, denn Güte verschwindet nie. Güte bringt Wärme in unsere Welt und einen Zauber. So einfach ist es, unsere engsten Mitmenschen zu segnen. Wenn wir unsere Mitmenschen segnen, dann segnen wir uns auch selbst. Dass du deiner Umwelt diesen Zauber und diesen Segen bringst, und somit auch dich selbst ständig segnest, das ist mein Gebet für dich heute, Georg, heute an deinem Bar Mitzwa Schabbat.

Amen

Monatsbrief an die Gemeinde, Dezember 2008

Lichtstrahlen

Das beste Heilmittel, das ich gegen die schlechte Laune eines Menschen kenne, steht in der Torah. In den frühen Kapiteln, die wir jetzt gerade wöchentlich vorlesen. Da wird uns nämlich erzählt, wie es dazu kam, dass unser Urvater Abraham noch einen Sohn zeugte, mit 99 Jahren. Das gibt uns allen noch Hoffnung. Ich kann Ihnen aber versprechen, dass ich es unserem Urvater nicht nachmachen werde. Das würde zu viele Komplikationen in der Gemeinde hervorrufen sowie auch in meinem Privatleben. Und das kann ich mir nicht leisten.

Weniger bekannt, aber noch bedeutsamer, ist ein Zwischenspiel in der Geschichte Abrahams, das auf die Nachricht seiner bevorstehenden und sehr späten Vaterschaft folgte. Er hatte sich noch nicht ganz von der Überraschung erholt, als Gott sich wieder zu einem Gespräch bei ihm meldete. Diesmal war es aus Höflichkeit – unser lieber Gott kann gelegentlich genauso aufmerksam sein wie eine 20-Jährige, die einer 40-Jährigen ihren Sitzplatz in der Straßenbahn anbietet. So wollte Gott dem Abraham nur mal schnell sein Vorhaben mitteilen, die Einwohner der Städte Sodom und Gomorra umzubringen, weil sie so furchtbar sündhaft waren.

Das schockierte Abraham noch mehr als die Botschaft seiner bevorstehenden Vaterschaft. »Aber wie kannst Du das!«, erwiderte er. »Willst Du wirklich die Gerechten in diesen Städten zusammen mit den Gottlosen umbringen? Sollte der Richter aller Welten nicht gerecht richten.«

So sprach er das göttliche Gewissen an. »Es könnten 50 Gerechte in der Stadt sein,« meinte er. »Willst Du dem Ort nicht vergeben um 50 Gerechter willen?« Das Argument war ein Treffer. »Finde ich 50 Gerechte zu Sodom«, antwortete ein gedemütigter Gott, »so will ich um ihretwillen dem ganzen Ort vergeben.« Nun wurde Abraham wagemutig. Wenn Gott es für 50 tun würde, warum nicht für 45, 25, oder sogar zehn. Versuchen wir es mal. Und jedes Mal gab Gott klein bei, und selbst nur für zehn war er bereit, die Stadt zu retten.

So hat Abraham beinahe 3.000 Jahre vor der multikulturellen Gesellschaft gezeigt, wie dumm Klischeevorstellungen sind. Wenn es in einer Fußballmannschaft sechs schlechte Spieler gibt, bleiben immer noch fünf gute, und man kann die ganze Mannschaft nicht einfach verurteilen. Wir begreifen auch eines, womit manche Antisemiten sich schwer tun, dass, wenn Lew Dawidowitsch Bronstein, eher als Leo Trotzki bekannt, bei der bolschewistischen Revolution 1917 eine gewisse Rolle spielte, das nicht bedeutet, dass ich oder auch nur eines unserer Gemeindemitglieder die geringste, persönliche Verantwortung für die Verbrechen des Kommunismus tragen. Herr Bronstein hat uns nicht zu kommunistischen Tätern gemacht. Und als wir letzten Monat dem 70. Jahrestag der Pogromnacht vom 9. November 1938 gedachten, waren meine Gedanken voller Dankbarkeit auch bei den edlen und heldenhaften Deutschen, die während des Dritten Reiches ihr eigenes Leben nicht nur in Gefahr brachten, sondern auch aufopferten, um jüdische Mitbürger vor dem Transport in die Gaskammer zu retten.

Denn das Gute, meinte unser Urvater, ist mächtiger als das Böse auf dieser Welt. Das Gute ist ansteckender als jede Grippe und heilender als jedes Kraut. Um zehn guter Menschen willen wird eine Stadt gerettet. Oder auch nur ein guter Mensch kann durch seine ansteckende Güte ein ganzes Land retten. Das ist nicht nur ein größeres Wunder als mit 99 Vater zu werden. Das ist eine einfache, aber auch allmächtige menschliche Tatsache.

Viele Lichtstrahlen in dieser dunklen Jahreszeit wünscht Ihnen Ihr Rabbiner Wolff

Auszug aus: Wissen über Gott, Schwerin/Rostock, 01. und 08.11.2008 (Schwerin, 21.11.2008), William Wolff

WISSEN ÜBER GOTT

Wöchentlicher Russischunterricht bei Olga Korneeva, Schwerin, März 2010

Ich lerne gerne neue, das heißt für mich neue russische Sprachwendungen. Aber irgendwann sagt mein Gehirn: Nun ist es genug. Und nimmt nichts mehr auf. Die Grenzen unseres Könnens sind manchmal weiter weg als irdische Grenzen zwischen Deutschland und Polen oder Polen und Ukraine. Aber irgendwann erreichen wir sie doch, und dann gibt es keinen Pass, der uns weiterziehen lässt.

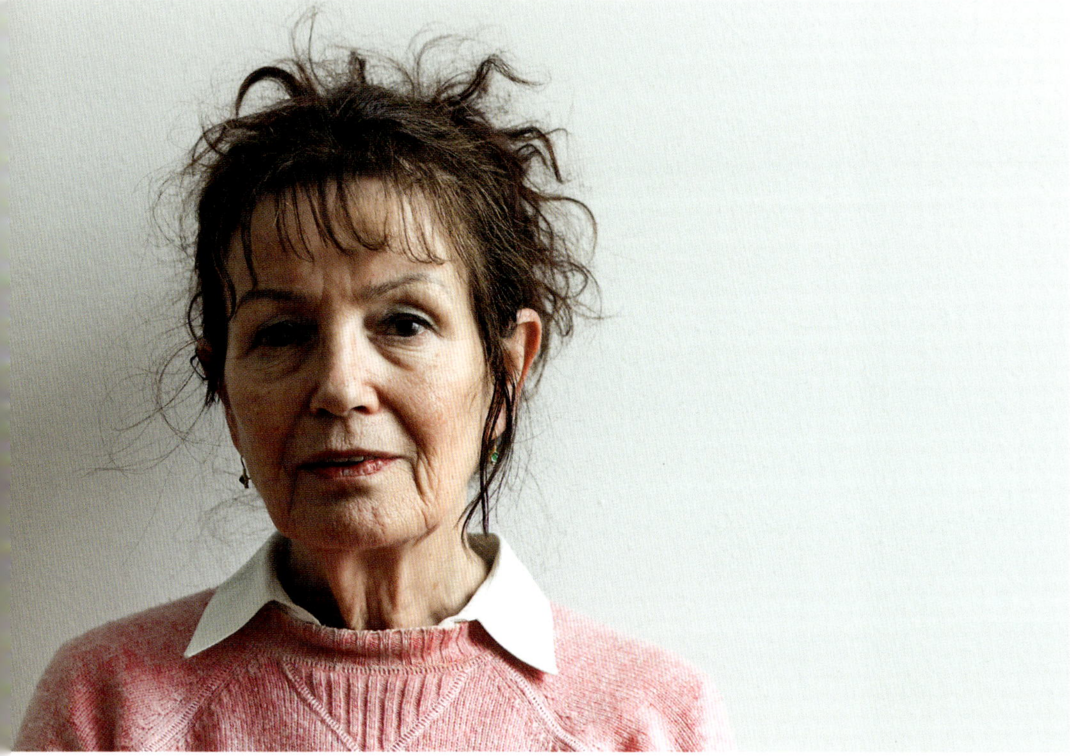

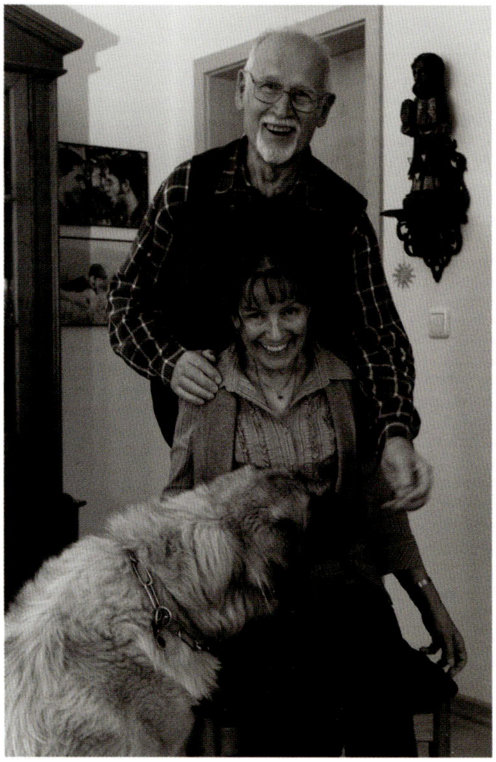

Ich bin eines der wenigen deutschen Mitglieder der Schweriner Jüdischen Gemeinde.

Ich wurde 1941 in Schwerin geboren. Als ich elf Jahre alt war, floh meine Mutter mit ihren drei Kindern nach Westdeutschland und ließ sich in Stuttgart nieder. Die Studienjahre verbrachte ich in Bonn, in dessen Nähe ich später einige Zeit als Lehrerin tätig war. Dann verschlug es mich in die Türkei. Ich lebte fast vierzig Jahre in Ankara, arbeitete als Deutsch- und Englischlehrerin an der dortigen Privatschule der Deutschen Botschaft, verbrachte zwischendurch ein Jahr in Israel und kam 2007 in meine Heimatstadt zurück. Ich habe zwei Söhne, Daniel und Benjamin, die in Ankara an Auslandsschulen ihre Hochschulreife erlangten, in Deutschland und Frankreich studierten und in diesen Ländern ihren Berufen als Arzt und Physiker nachgehen.

Erst mit zwölf Jahren erfuhr ich, dass ich Jüdin bin. Sowohl meine Mutter als auch die Großmutter verschwiegen unsere jüdischen Wurzeln. Erst nach der mich zutiefst erschütternden Lektüre von Anne Franks Tagebuch bemerkte meine Mutter: »Das hätte uns auch passieren können. Deine Urgroßmutter ist eine geborene Bornheim.« Und die Großmutter blockierte meine bohrende Nachfrage mit der lapidaren Feststellung: »Sei froh, dass wir nicht auch vergast worden sind.« Die offen gebliebene Frage, warum dem so war und wie die Hitlerjahre überlebt wurden, musste ich mir mit der Existenz meines »arischen« Vaters erklären.

SIBYLLE WOLF

In Ankara gab es eine immer kleiner werdende jüdische Gemeinde, die sich unter Polizeischutz nur zu den Hohen Feiertagen im September/Oktober in der alten Synagoge traf. Ein Gemeindeleben wie in Istanbul gab es nicht. Daher war die Vorfreude darauf, in der Schweriner Jüdischen Gemeinde tätig zu werden und mitwirken zu können, groß. Doch diese Vorfreude wurde etwas gedämpft. Für die zumeist nur gebrochen deutsch sprechenden Gemeindemitglieder war ich zunächst nur eine Fremde, als Gesprächspartnerin für Rabbiner Wolff nach dem Kiddusch, der Segnung von Brot und Wein nach dem Gottesdienst, jedoch herzlich willkommen. So lernte ich meinen Namensvetter kennen und schätzen und durch ihn das Innenleben der Gemeinde und auch viele Mitglieder. Inzwischen haben sich auch in diesem Kreis freundschaftliche Bindungen entwickelt, so dass ich mich rundum zu Hause fühle.

Sibylle Wolf im März 2010

Sibylle Wolf lebt heute mit ihrem Mann, Pastor Peter Wolf, in Crivitz.

Sehe ich einen Jesus von Nazareth am Kreuz hängen und lese, er sei für die Sünden Israels gestorben, dann frage ich mich: Hängt da nicht vielleicht das ganze Volk Israels? Ist Jesus Israel? Ist er vielleicht tatsächlich für die Sünden meiner Vorfahren gestorben? Ist er das Lamm, welches in Jesaja beschrieben wird? Das sind Gedanken, die der Anblick eines Jesus von Nazareth in mir hervorrufen. Wenn der Gekreuzigte in seinen letzten Minuten sagt: »Es ist vollbracht«, kann ich mich der Kraft dieser Worte nicht entziehen. Ich lasse mich darauf ein, auf eine Symbolik des Leidens und der Versöhnung, und für einen Moment meine ich, dass es mir wie Kermani, ein deutsch-iranischer Schriftsteller, geht. Ich wähne mich nicht am Rande zur Konversion, aber ich fühle mich wie in Trance. Ist das nun eine Meditation?

Doch gelingt es mir, meinen Blick vom Kreuz zu wenden, so wird mir recht schnell wieder klar, dass ich an dieses Kreuz nicht glauben kann. Dieses Streicheln meiner Sinne war für den Moment vielleicht eine schöne Erfahrung, doch im Hinterkopf bleiben ganz einfach die klaren Worte Gottes, die mir eine Erlösung, einen Erlöser versprechen, den Gekreuzigten als einen solchen Erlöser aber ebenso klar ablehnen.

Ich sehe in dem gekreuzigten Jesus zwar nicht unbedingt eine Gotteslästerung, denn meinen Glauben berührt das nicht weiter. Auf die bestehenden Prophezeiungen hat der Tod eines Juden aus Galiläa keinen Einfluss, doch ich erkenne (für mich), dass diese Lehre des Kreuzes einfach falsch ist. Ein Mensch wird nicht geopfert. Warum sollte Gott einen Menschen opfern, wenn er selbst ein solches Opfer strikt verbietet? Wie kann ein Mann für meine Sünden gestorben sein, wenn die Welt heute doch viel verruchter ist als zu seiner Zeit? Warum sitze ich eigentlich hier in Deutschland? Warum bin ich nicht in Israel, wenn der Mann aus Nazareth doch die Erlösung gebracht haben soll? Warum müssen in dem Land, das Gott uns versprochen hat, Juden sterben, wenn der Heiland Israels bereits gekommen sein soll? Wie kann die Welt so sein, wie sie ist?

All das sind Fragen, die vielleicht ein wenig primitiv erscheinen mögen und die einen überzeugten Christen wohl meinen lassen, dass ich die »Kreuzesbotschaft« nicht verstanden habe, doch das sind Fragen, die eine logische Schlussfolgerung aus der Tiefe meines Glaubens sind. Meine Überzeugung, mein Fundament und auch das Leiden ganz Israels zwingen mich, diese Fragen an den Gekreuzigten zu stellen.

Wie kannst du der Messias sein?... Du scheinst zweifellos Charisma zu haben, aber glauben will ich an dich nicht. Ich kann es auch ganz einfach nicht.

Wenngleich ich mich nach all diesen Gedanken in meinem Glauben bestätigt fühle, so habe ich mit der Fokussierung auf das Kreuz doch etwas Wichtiges gelernt. Ich habe gelernt zu verstehen. Ich verstehe, dass Menschen an dieses Kreuz glauben können – ich verstehe, dass es sie anzieht, ich respektiere sie dafür. Mein Glaube kann es aber nicht sein.

Israel wartet noch immer auf seine Erlösung…

24.05.2009, Ronny Yitzchak Rohde aus seinem WebTagebuch

Ästhetik des Christentums

William Wolff bei der Ordinierung des Landespastors für Diakonie, Schweriner Dom, September 2009

Auszug aus: Freedom/Freiheit, 15.04.2009, Pessach, 5769, William Wolff

Aber Freiheit von welcher Last? Und Freiheit für welchen Zweck.

Ich bin frei, und manche von Ihnen sind frei, morgen nach Haiti zu fliegen. Das ist Theorie. In der Praxis können wir mit dieser Freiheit nichts anfangen. Ich nicht, weil ich nicht das Geld habe. Auch nicht, weil ich mich schon verpflichtet habe, morgen in Rostock zu sein und am Freitag in Wismar. Und am Mittwoch nach Haiti zu fliegen und Donnerstag zurück – das ist erstens praktisch nicht möglich, und auch wenn es möglich wäre, wäre es verrückt. Wenn ich das wirklich tun wollte, müsste ich auf die psychiatrische Station des örtlichen Krankenhauses.

Also um dem Wort Freiheit Bedeutung zu geben, müssen wir fragen, von was und wofür. Ich bin, zum Beispiel, frei von Familienpflichten, weil ich dummerweise nie geheiratet habe und die eigenen Mitglieder der Familie, in die ich geboren wurde, meine Eltern und meine Geschwister, nicht mehr am Leben sind. Ich habe wohl Neffen und Nichten, aber gegenüber ihnen habe ich keine täglichen Verpflichtungen. Meine letzte bedeutsame Verpflichtung endete an dem Freitagabend, das ist nun bald 25 Jahre her, an dem meine Mutter starb. Und das bleibt ein Grund für Trauer und nicht für Freude.

Auszug aus: Freedom/Freiheit, 7. und 8. Tag Pessach, Schwerin/Rostock, 05. und 06.04.2010, William Wolff

Freedom

Also wenn wir von Freiheit sprechen, müssen wir uns klar machen, Freiheit von was und Freiheit wofür.

Von was, ist nicht schwer zu definieren. Jeder, der in der Sowjetunion gelebt hat, weiß genau, was politische Freiheit bedeutet. Es bedeutet die Freiheit, die Regierung zu wählen, unter der man leben will. Und das bedarf immer mindestens zweier unterschiedlicher Kandidaten. Um 7 Uhr am Morgen des 6. Mai werde ich aus meinem englischen Häuschen gehen, auf die andere Seite der Straße marschieren und 50 Meter weiter links in eine große, baufällige Hütte, die an dem Tag das örtliche Wahllokal ist. Und da werde ich Herrn Cameron als nächsten Premierminister wählen. Und wenn um Mitternacht oder um drei Uhr am nächsten Morgen klar ist, dass er es nicht geschafft hat, dann ist das nicht meine Schuld. Meine Freiheit aber besteht praktisch aus zweierlei: Erstens aus der Kabine, in der ich mein Kreuz auf den Wahlzettel setzen werde, in der niemand sehen kann, wohin ich mein Kreuz setze. Und zweitens aus den weiteren drei oder vier Namen, die auf dem Zettel stehen und die ich nicht wählen werde. Sie besteht aus dem garantierten Geheimnis meines Wahlrechts und aus der Vielfalt der Kandidaten. Beide sind nötig.

Das ist meine Freiheit, und auf die bin ich stolz, aber auch dankbar.

Und sie zu garantieren, ist nicht einfach. Aber in England ist sie heute garantiert und hier in Deutschland auch.

Freiheit

Amsterdam, August 2009

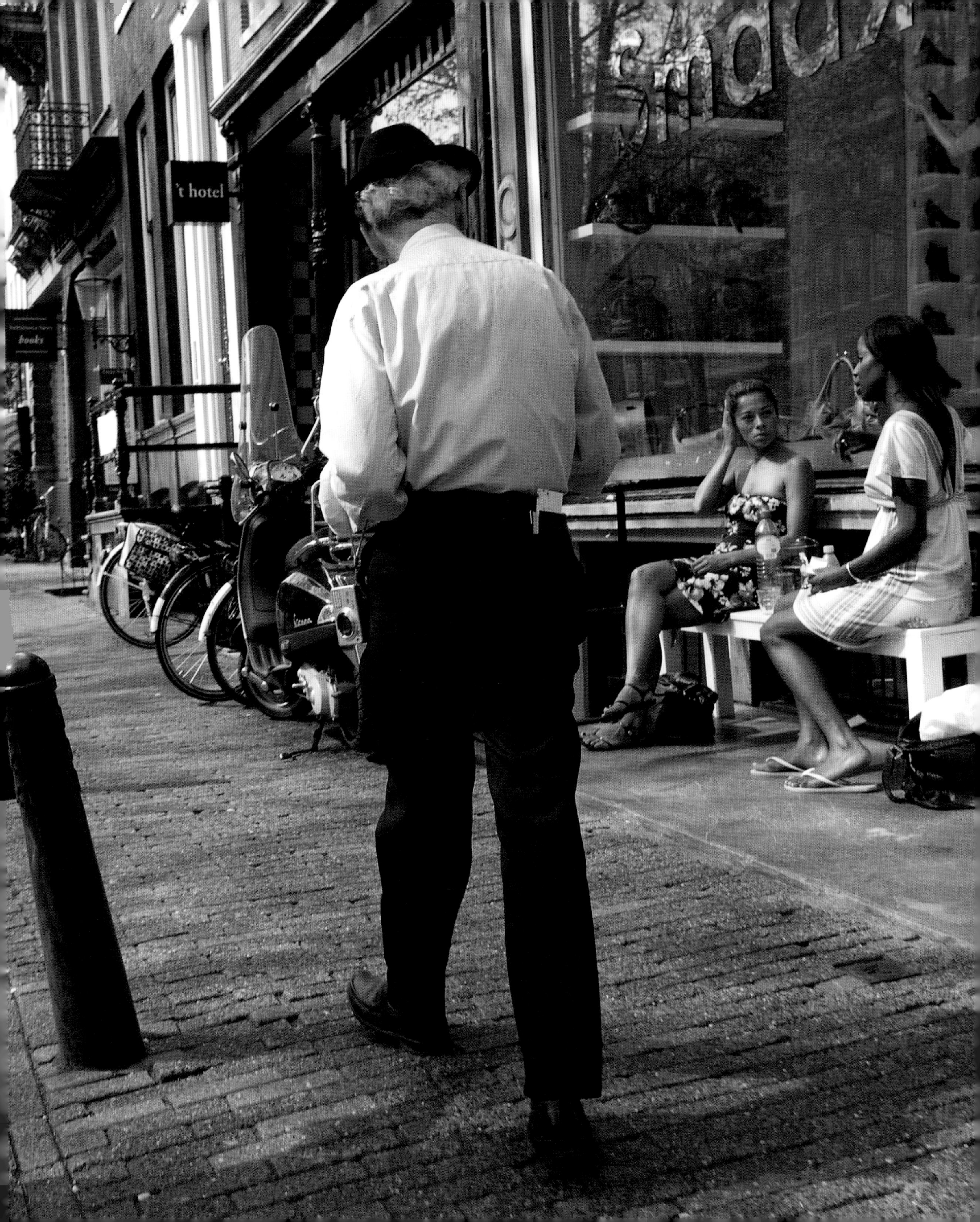
't hotel
books

Amsterdam, August 2009

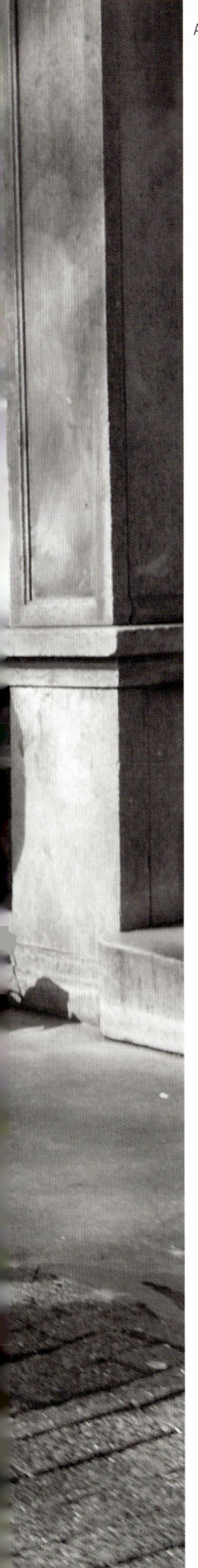

Jeder von uns ist ähnlich wie jeder andere. Jeder von uns ist völlig anders als jeder andere. Diese Individualität ist das Geschenk Gottes an jeden von uns. Leider ist die menschliche Gesellschaft so, dass diese Individualität sich in ständiger Gefahr befindet.
Individualität und die Freiheit, zum Ausdruck zu bringen, dass ich gerne Blau trage und man mich mit Grün jagen kann, dass ich gerne klassische Musik höre, obwohl ich nicht besonders musikalisch bin. Ich weiß dies, weil ich einen sehr musikalischen Zwillingsbruder hatte, der sich eine Melodie beim ersten Hören sofort merken konnte. Ich hingegen muss sie zehn oder zwanzig Mal hören, bis ich sie wiedergeben kann. Dass ich eben gerne klassische Musik höre, und man mich mit Jazz oder Pop jagen kann. Es tut mir leid, aber wenn man mich aus einem Zimmer haben will, braucht man nur eine CD mit Louis Armstrong einlegen, den ich mal in der größten Londoner Konzerthalle erlebt habe und von seiner Persönlichkeit überwältigt war, aber seine Musik über mich ergehen lassen musste, weil ich mit Freunden zusammen dort war, die von der Musik begeistert waren.

Das ist Freiheit, meinen Geschmack sowie meine Meinung geltend zu machen, solange die Freiheit von anderen nicht vermindert oder beeinträchtigt wird.

Auszug aus: Freedom/Freiheit, 15.04.2009, Pessach, 5769, William Wolff

Freedom Freiheit

Wir haben in Schwerin einen orthodox aufgewachsenen, aber liberal ausgebildeten Rabbiner, der nicht gern über Israel spricht. Und ich bin, wenn ich mich denn entscheiden müsste, ein modern-orthodoxer Jude, der sich auch als Zionist bezeichnet und daher den ganzen Tag über Israel palavern könnte, und dennoch verstehen er und ich uns wunderbar, und ich hege die größte Bewunderung und den größten Respekt für meinen Rabbiner.
Damit haben wir einen Punkt getroffen, um den im Kern seines religiösen Strebens jeder Jude trotz aller Gegensätze bemüht sein sollte: Brüderlichkeit und ein liebevolles Miteinander. Dieses Gesetz nennen wir »mizwa ahawat jisrael«, das Gesetz, einen anderen Juden zu lieben, an seiner Seite zu stehen und ihn nicht zu verurteilen.
Eigentlich klappt das in Schwerin schon ganz gut.

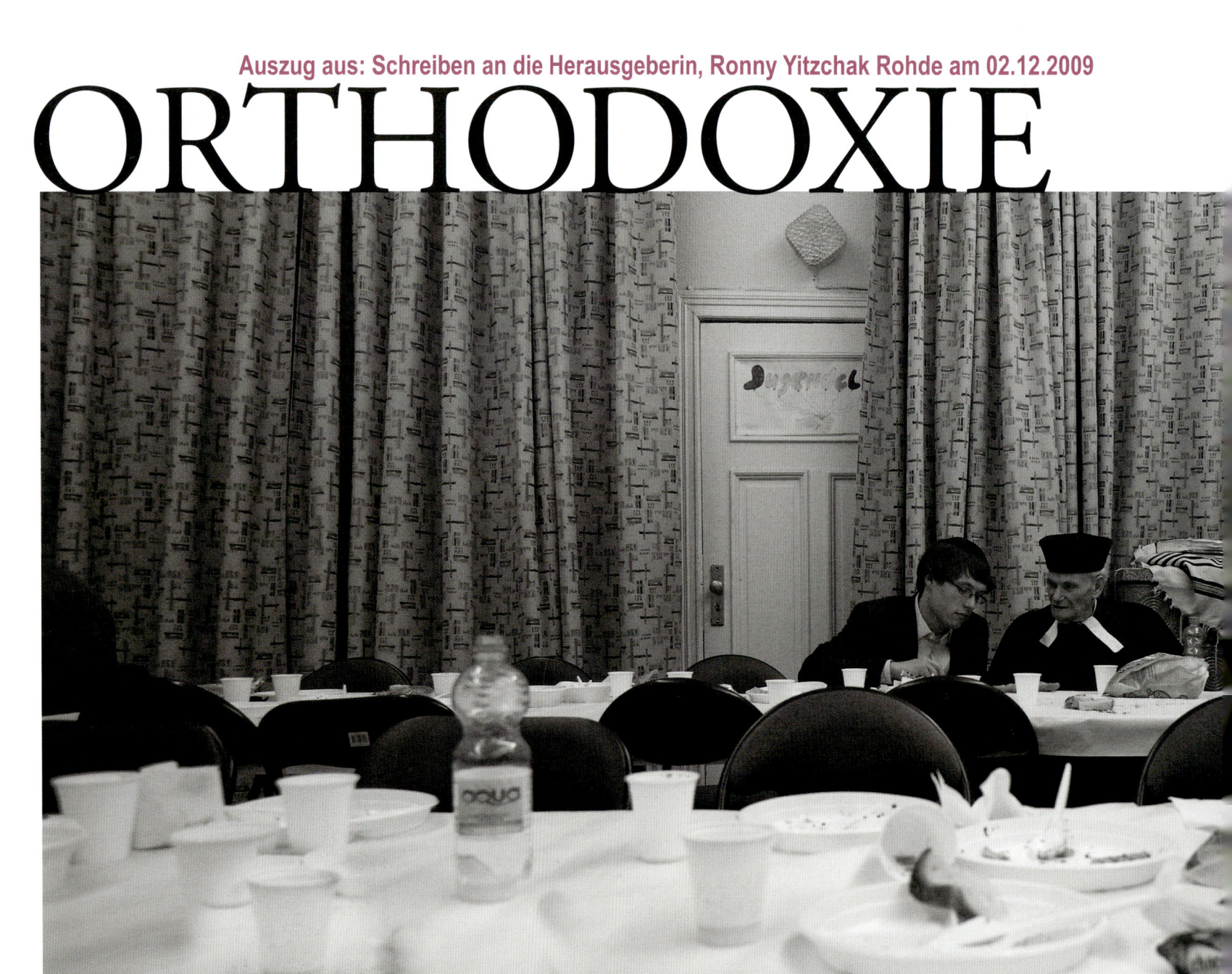

Auszug aus: Schreiben an die Herausgeberin, Ronny Yitzchak Rohde am 02.12.2009

ORTHODOXIE

Schabbat, Oktober 2009

Zur Orthodoxie oder allgemein zur religiösen Ausrichtung von Gemeinden will ich noch mal was loswerden: Im Grunde genommen sind solche Zuordnungen nur Äußerlichkeiten, die der Lebenswirklichkeit der Gemeindemitglieder in Deutschland meist nur zu geringen Teilen entsprechen. Viel wichtiger ist es, seine eigenen Möglichkeiten zu nutzen und auszubauen (ein observantes Leben ist also nicht allein durch den guten Willen möglich). Die Möglichkeiten sind oft, gerade unter den Zuwanderern, sehr begrenzt.

Mit der Zeit habe ich daher ein Verständnis dafür entwickelt, warum es in unserer Gemeinde so läuft. Ich habe verstanden, warum der Gottesdienst kurz und liberal ist, auch wenn das nicht unbedingt meinen persönlichen Vorstellungen entspricht, die doch eher eine orthodoxe Tendenz haben, wenngleich auch ich natürlich Kompromisse eingehen muss. Aber auch die Orthodoxie bietet letztendlich ein breites Spektrum.

Ein jüdisches Leben findet zudem in erster Linie im Alltag statt. In zwischenmenschlichen Begegnungen und bei den profansten Vorgängen. Das Gemeindeleben und insbesondere der Gottesdienst bilden nur einen kleinen Kern eines praktizierten jüdischen Lebens. Die Synagoge ist zwar eine Grundsäule, aber dennoch kann man sich recht frei von ihr bewegen. Eine liberale Synagoge ist also kein Hindernis, dennoch orthodox zu leben. Umgekehrt gilt das Gleiche.

Ähnlich ist das auch mit einem Rabbiner. Im Prinzip ist ein Rabbiner »nichts weiter« als ein Gelehrter, der vor Gott und seinen Mitmenschen in der gleichen Verantwortung steht wie jeder andere Jude auch. Ein Rabbiner soll zwar möglichst ein Vorbild sein (Rabbi Wolff ist das auf jeden Fall), und in bestimmten Fällen muss er religionsrechtliche Entscheidungen für die Gemeinde treffen, aber das bedeutet noch lange nicht, dass man den Lebensstil seines Rabbiners nachahmen muss.

Viele Juden meinen, ein Rabbiner müsse der Jude sein, der man selbst gern wäre. Das ist allerdings eben nicht die Aufgabe des Rabbiners.

Für Ihr Projekt sind diese Zeilen vielleicht nutzlos, aber diese Fragen beschäftigen mich einfach.

Man wird immer vor die Wahl gestellt: Bist du orthodox oder liberal? Die Orthodoxie erscheint den Reformen gegenüber weltfremd, und das Reformjudentum ist für die Orthodoxie nur eine Mogelpackung. Ich selbst benutze daher gar nicht so gern die Begriffe »orthodox« und »liberal«, sondern spreche lieber von Observanz. Das ist nämlich, zumindest im Rahmen des jüdischen Gesetzes, ein absoluter Begriff, der Äußerlichkeiten und Lippenbekenntnisse beiseite schiebt.

Dass ein Schraubenzieher nicht als Zahnbürste zu gebrauchen ist, dass weiß sogar ich, der weniger mit einem Schraubenzieher anfangen kann als mit einer Zahnbürste. Beide haben ihren praktischen Zweck.

Aber da ich mich mehr mit Gott beschäftige als mit Schraubenziehern, frage ich mich manchmal, was für einen praktischen Zweck hat denn Gott. Er putzt schließlich keine Schuhe und öffnet keine Türen. Und er kocht keine Eier, weder in fünf noch in acht Minuten.

Und doch hat er einen praktischen Zweck, so wie der Unterschied zwischen Pfaffenteich und Schweriner See einen praktischen Zweck hat. Wenn ich zwei oder drei Kilometer segeln will, dann weiß ich, dass das auf dem Pfaffenteich keinen Sinn macht. Und wenn ich nach Hamburg will, weiß ich, dass mich keine Straßenbahn vom Marienplatz dorthin fahren wird.

So hat Gott einen praktischen Zweck, obwohl er keine Tasse Kaffee kocht und kein Hemd wäscht. Genauso wie keine Freundschaft jemals ein Brot gebacken hat, aber trotzdem den tiefsten, praktischen und seelischen Wert hat.

Eine der schlimmsten Beschimpfungen, die man gegenüber einem Menschen äußern kann, ist, dass sein Handeln oder Wirken sinnlos sind. Der praktische Wert von Gott für jeden Menschen ist, dass er jedem Leben Sinn und Zweck gibt.

Manche Menschen machen sich ständig Gedanken über den Sinn ihres Lebens. Andere nehmen es einfach so hin, so wie manche Menschen ihre Geburtstagsgeschenke einfach so hinnehmen.

Aber immer wieder fragen sich viele Menschen, was für einen Sinn ihr Leben hat. Am Sonntag nahm ich an der Feier des Londoner Rabbinerseminars teil, bei der der Studienabschluss von sechs neuen Rabbinern gefeiert wurde. Und eine Frau, die an dem Tag ihren Abschluss feierte, erzählte, dass während ihres Studiums ihr Mann sie verlassen und sie mit einem ganz kleinen Kind zurückgelassen habe. Und als er weg war, stellte sich heraus, dass ihr Kind lebenslang behindert sein würde. Das hat ihr eine lebenslange Aufgabe verliehen, und sie braucht sich nie wieder über den Sinn ihres Lebens Gedanken zu machen. Der Sinn liegt zuallererst, aber nicht nur, in ihrer Aufgabe.

So wie es mit dieser Frau ist, so ist es mit uns allen. Den Sinn unseres Lebens finden wir in den Aufgaben, die nur wir erfüllen können.

Das ist der große Unterschied zwischen einer religiösen Einstellung zum Leben und einer nur säkularen. Eine Beziehung zu Gott, der Glaube an Gott, hat diese ganz praktische Folge. Er gibt unserem Leben einen Sinn. Wir brauchen uns nicht weiter den Kopf darüber zerbrechen. Jedes Leben hat einen Sinn, der weit über die praktischen Aufgaben des Lebens hinausgeht.

Manchmal ist dieser Sinn nicht immer leicht für uns Menschen zu verstehen. Warum lebt ein älterer Mensch, dessen geistige Fähigkeiten nicht mehr auf der Höhe sind oder vielleicht diesen Menschen in großem Maße verlassen haben? Warum muss dieser Mensch noch fünf oder zehn Jahre oder womöglich noch länger in einem Heim leben?

Was für einen Zweck hat dieses Leben? Ich kann mir verschiedene praktische Zwecke doch vorstellen. Die Notwendigkeit der Pflege unterstreicht, dass jedes Leben seinen Wert behält, dass jedes Leben von jedem Menschen Respekt und auch Fürsorge verlangt. Dass jedes Leben unantastbar ist. Und was sich auf einen kranken und hilflosen Menschen bezieht, das bezieht sich auf jeden Menschen.

Denn jedes Leben ist von Gott geschaffen, und jedes Leben, wie klein oder groß es ist, wie forsch oder hilflos, jedes Leben hat einen göttlichen Zweck und Sinn.

Und unsere Aufgabe als Menschen ist es, diesen göttlichen Sinn, obwohl wir ihn nicht immer sofort verstehen, zu respektieren und sogar zu schätzen.

Das ist nicht nur die praktische Aufgabe von Gott an jeden von uns Menschen. Das ist auch die praktische Bedeutung von Gott. A m e n

Der Zweck

Auszug aus: Der Zweck Gottes, Schwerin, 04.07.2008, William Wolff

Gottes

Ich

… eine jüdische und eine deutsche. Und womöglich auch noch eine dritte, eine englische, von der ich stark geprägt bin. Sechzig Jahre in einem Land hinterlassen eben einen tiefen Abdruck.

So bin ich seit 50 Jahren am Heiligabend immer bei denselben nicht jüdischen Freunden, fünf Minuten entfernt von den dicken Mauern des königlichen Schlosses von Windsor. Ich kann mir den 24. Dezember nicht vorstellen, ohne bei ihnen zu sein. Und obwohl wir keine Weihnachtslieder singen, so wissen sie doch, dass ich nur bei ihnen bin, weil es Heiligabend ist.

Also wie kann ein Rabbiner sich überhaupt mit Heiligabend befassen? Müsste er diesen besonderen Abend im christlichen Jahr nicht völlig ignorieren? Wenn er im »Ghetto« lebte, entweder in London oder in Jerusalem, wäre das durchaus möglich. Aber wenn er in der offenen Gesellschaft lebt – und wie groß das Privileg ist, in der heutigen, freien, offenen Gesellschaft zu leben, kann nur einer völlig schätzen, der in der Nazizeit in Zentraleuropa aufgewachsen ist oder unter kommunistischer Zwangherrschaft –, so kann er sich nicht von der Mehrheitskultur isolieren, so wie er sich gegen eine Grippewelle zu isolieren versucht.

Auszug aus: Monatsbrief an die Gemeinde, Januar 2009, William Wolff

habe zwei Kulturen...

Bei einer Andacht im Schweriner Dom

Auszug aus: Pinchas Führer, Schwerin, 19.07.2008 (Rostock, 11.07.2008), William Wolff

Hauch des Göttlichen und d

Ewigkeit

Selbst die größten Werke der Weltliteratur haben manchmal Zeilen oder sogar ganze Seiten, die langweilig sind. Die Größe von Puschkin, Goethe und Shakespeare lässt sich daran messen, wie selten sie langweilig sind. Und lässt sich auch daran messen, wie oft Ausdrücke oder Sätze vorkommen, die unsterblich geworden sind. »Kein Genuss ist vorübergehend,« sagt Goethe, »denn der Eindruck, den er zurücklässt, ist bleibend.« Und Charles Dickens fragt: »Gibt es schließlich eine bessere Form, mit dem Leben fertig zu werden, als mit Liebe und Humor?«

Und so ist es auch mit der Bibel. Sie hat ihre langweiligen Stellen. Und dann plötzlich, sagt sie etwas, das uns für immer begleiten kann und unseren Weg erleuchtet. »Möge Gott jemanden über die Gemeinde setzen. … Damit die Gemeinde des Herrn nicht sei wie Schafe ohne Hirten.«

Je größer die Gruppe, je mehr ist sie wie eine Hammelherde, die nicht mal als Herde entscheiden kann, auf die nächste Wiese zu gehen, weil dort das Gras grüner und womöglich schmackhafter ist. Da ich leider manchmal wie ein Schafskopf denke, aber noch nie wie ein Schafsmund gegessen habe, kann ich mich nicht weiter darüber äußern. …

So bleibt uns heute die Demokratie, von der Winston Churchill sagte, sie sei die schlechteste aller Staatsformen, ausgenommen alle anderen. Unser Wahlrecht in einer Demokratie ist die unablässige Garantie unserer Freiheit, und dazu gehört in der Regel, dass wir zwischen mindestens zwei verschiedenen Kandidaten wählen können.

Und wenn wir gewählt haben, dann haben die Gewählten die Pflicht, uns Führung anzubieten.

Damit wir nicht wie Schafe ohne Hirten sind, die nicht wissen, wohin.

Das ist die Aufgabe von Frau Merkel und jedem anderen gewählten Regierungschef. Ob sie sich dessen bewusst sind oder nicht, das gibt ihrer Aufgabe einen Hauch des Göttlichen und der Ewigkeit.

»Er ist ein Talent, ein guter Mann. Er lernt von Gott.«
Die Schüler im Deutschunterricht
über ihren Deutschlehrer Karl Langpap im Mai 2010

Ein Zimmer mit roten Tapeten

Der Lehrer im Deutschunterricht, Studienrat und Fremdsprachenlehrer Karl Langpap, Mai 2010

Deutschunterricht für die jüdischen Zuwanderer im Mai 2010

Der Gott gibt jedem ein Zimmer. Für mich ein Zimmer mit roten Tapeten.

Früher, bei Margot Honecker, im Ministerium für Volksbildung der DDR, fing ich als Bleistiftsoldat an, arbeitete dort lange als Ministerialdirigent für den Russischunterricht in der DDR. Heute geht es anders herum. Ich unterrichte Deutsch den Russen, den jüdischen Zuwanderern, seit fast 12 Jahren.

Ich bin 75 Jahre alt und war immer Lehrer. Meine Schüler sind zwischen 60 und 80 Jahre alt. Dies ist das letzte Semester, das »Krampfadergeschwader«. Sie kommen freiwillig, privat. Wir sind die Großeltern und Urgroßeltern. Andere Generationen sind nicht hier, nur Rentner und Invaliden. Vor 12 Jahren waren es noch 100 Schüler, heute sind es die Hälfte. Die jüngere Generation lernt selbst oder geht zu Schulen oder Akademien, wo es Zertifikate gibt. Die Alten sterben aus.

Sie sind Russen. Ich bin Deutscher.
Sie sind Juden. Ich bin Kommunist.
Wir sind alle Menschen, darauf kommt es an. Ich frage nicht, woher kommst du, woran glaubst du. Ein menschliches Verhältnis ist mir wichtiger als eine Wertung nach Religiosität.

Das ist Judentum, biblisches Judentum und rabbinisches Judentum – biblisches Judentum mit der Lehre, nein, nicht nur mit der Lehre, dem Gebot, deinen Nächsten und auch den Fremden zu lieben wie dich sich selbst. Rabbi Akivah, einer der berühmtesten Talmud-Lehrer, sagte, dass dies das große Prinzip der Torah ist – »Seh Klal Gadol Batorah«. Mit der rabbinischen Lehre, dass derjenige, der nur einem Menschen das Leben rettet, damit eine ganze Welt rettet. Mit der rabbinischen Lehre von Hillel, einem der ersten Talmud-Rabbiner der jüdischen Geschichte, der 50 Jahre vor dem jetzigen Zeitalter in Jerusalem geboren wurde, der da sagte: Tue keinem einzigen Menschen das an, was Du nicht willst, das er Dir antut. Behandele jeden Menschen mit Würde, denn er ist heilig.

Im Mittelpunkt aller jüdischen Lehren und in jedem jüdischen Gebot steht der einzelne Mensch. Das Judentum ist an Kollektivität interessiert, denn das Judentum weiß, dass das Kollektiv aus einzelnen Menschen besteht, und wenn es dem Einzelnen gut geht, dann fehlt dem Kollektiv auch nichts. Ein Blumenstrauß an eine Mannschaft gibt sehr viel weniger Freude als eine Blume an ein Mitglied oder an jedes Mitglied der Mannschaft.

Wenn jemand mir eine schwere Tasche über die Straße trägt, dann hat er oder sie, auch wenn es vom Himmel herunter gießt, Sonnenschein in meinen Tag gebracht und mehr Wärme in mein Leben, als wenn er noch so viel Nettes über Rabbiner im Allgemeinen und im Besonderen gesagt hätte.

Wenn die Terroristen, die den Anschlag auf die Zwillingstürme von New York verübten, die Menschen dazu brachten, aus den Fenstern im 20. oder 30. Stock zu springen, weil sie meinten, das könnte ihnen das Leben retten oder es sei besser, auf die Erde zu stürzen, als von einer Bombe in die Luft gesprengt zu werden, und wenn die Terroristen, die im März 2004 Dutzende von Menschen in Madrid in der Untergrundbahn töteten und in London am 7. Juli 2005, wenn diese Terroristen, die auch Abraham als ihren Urvater betrachten, sich seine Lehre zu Herzen nehmen würden, dann gäbe es nie wieder, nie wieder, Selbstmordattentäter.

Jeder, der nur einem Menschen eine Freude macht, hat damit der Welt dieses Menschen mehr Zauber verliehen, als Harry Potter es je vermag. Er hat die Welt verzaubert mit Güte und mit Wärme.

GÜTE

Auszug aus: Vajera 1 Köln, 19.01.2005, William Wolff

Jewish Cemetery / Jüdischer Friedhof in London, August 2009

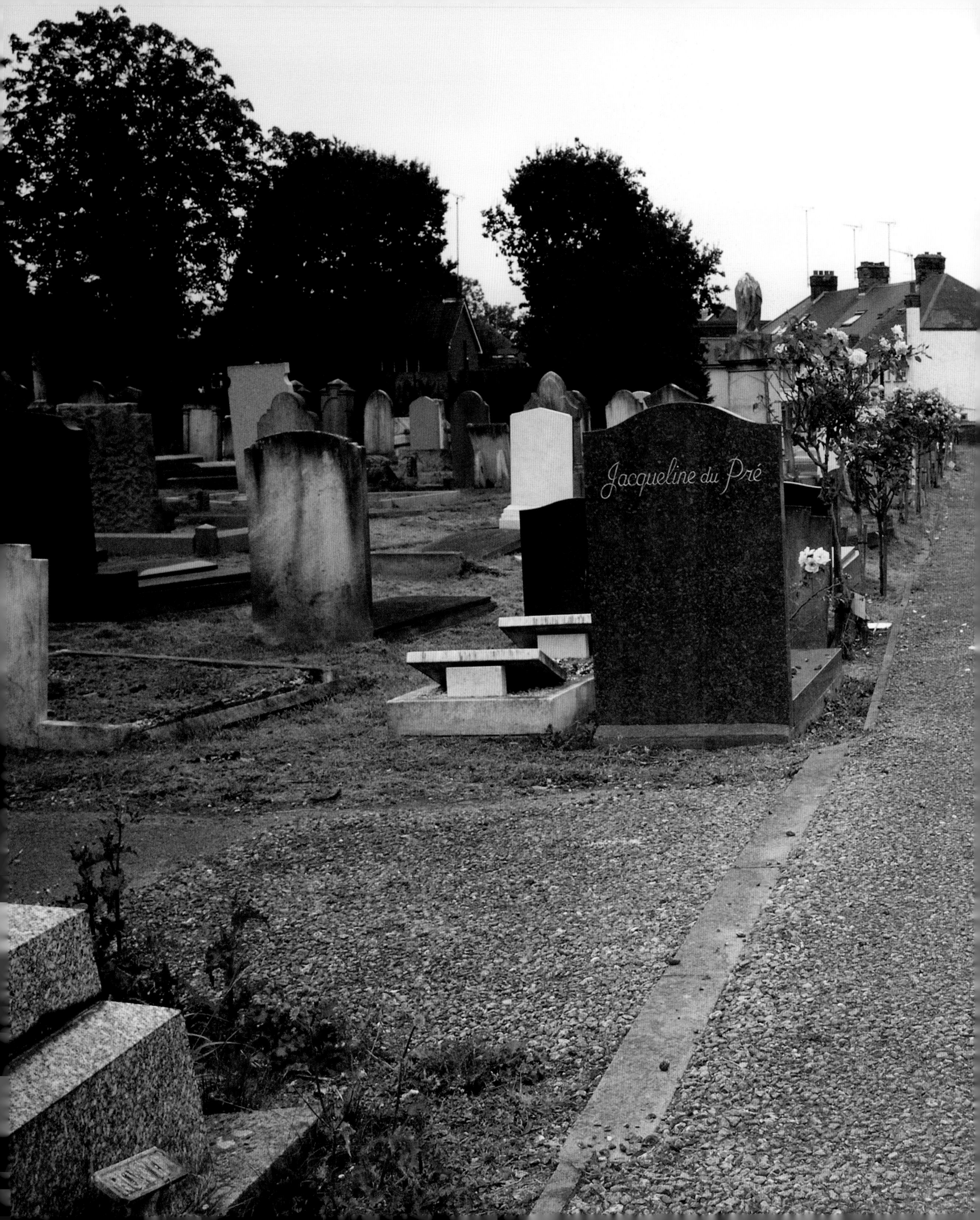
Jacqueline du Pré

Grab der britischen Cello-Virtuosin Jacqueline du Pré,
Jewish Cemetery / Jüdischer Friedhof in London, August 2009

Hope

William Wolff am Grab seines ehemaligen Ausbilders und späteren Chefs, Hugo G. Gryn,
ein international bedeutender und sehr beliebter britischer Reformrabbiner, Jewish Cemetery / Jüdischer Friedhof in London, August 2009

Auszüge aus: Hope/Hoffnung, Schwerin, 10.07.2009, William Wolff

Hoffnung

Wenn ich morgens einen Ausflug nach Warnemünde machen möchte, und ich möchte das viel öfter, als ich es tun kann, dann hoffe ich, dass die Sonne scheint. Wenn ich abends hungrig nach Hause komme, dann hoffe ich, dass ich im Kühlschrank etwas zu essen finde, denn Rewe und Edeka haben schon zu. Und wenn ein Ehepaar ein Kind erwartet, teilt es mit den zukünftigen Großeltern die brennende Hoffnung, dass dieses Kind gesund und lebensfähig auf die Welt kommt. Zu jeder Minute und jeder Stunde unseres Lebens brauchen wir Hoffnung. Denn keine Hoffnung zu haben, ist ein seelischer Schmerz, für den es weder Aspirin noch Morphium gibt. Ohne Hoffnung zu leben, bedeutet eine Zukunft, die man erleiden muss, ohne sie genießen zu können.

Wie können einer afrikanischer Stamm, ein arabisches Volk oder die vielen Chinesen die Diktatur, unter der sie leben, aushalten, ohne die Hoffnung auf Freiheit.

Niemand weiß das besser als wir Juden…

Es ist eine der großen Errungenschaften der russischen und ukrainischen Juden, eine Errungenschaft, die dem russischen und ukrainischen Judentum Ruhm und Ehre bis in alle Ewigkeit einbringt, dass sie Hoffnung in Wirklichkeit verwandelt haben, als sie selbst ihre Befreiung von der Verfolgung durch den Zaren herbeiführten, aber auch durch ihr Mitwirken an sozialistischen und anderen Befreiungsbewegungen und ganz besonders durch ihre Pionierarbeit, die sie ab 1880 und in den darauf folgenden Jahrzehnten in der damaligen Wüste, die Palästina hieß, als Siedler leisteten und die sie in ein blühendes Land verwandelten, wo Milch und Honig vielleicht nicht flossen, aber Feigen und Apfelsinen wieder wuchsen. Ich kann mich noch an die große Freude erinnern, als während des Zweiten Weltkrieges in England, wo es kaum Früchte zu kaufen gab, besonders nicht Früchte, die aus dem Ausland kamen, sondern nur Brot und Käse, uns eines Tages eine Kiste mit palästinischen Apfelsinen geliefert wurde, von einem Vetter meines Vaters geschickt. Das war nicht nur Freude, das war auch Hoffnung auf Frieden und auf eine Rückkehr zu einem Leben in Frieden.

Niemand weiß das besser als wir Juden…

Ich hatte bei meinem ersten Rabbinerposten in England einen Chef, den ich sehr schätzte und dem ich heute noch nachtrauere. Er stammte aus der Slowakei und wurde als 14-Jähriger nach Auschwitz verschleppt. Sein Vater ist dort wenige Tage nach der Befreiung durch die Rote Armee an den Folgen des Hungers gestorben. Ehe er starb, sagte er zu seinem Sohn: Du weißt, dass wir schon vier Tage ohne einen Krümel Brot überlebt haben. Aber ohne Hoffnung hätten wir es keine Stunde lang ausgehalten.

Ohne Hoffnung hätte die sowjetische Befreiungsarmee in Auschwitz keinen einzigen Juden mehr lebend vorgefunden. Hoffnung ist das Geburtsgeschenk, mit dem jeder von uns auf die Welt kommt.

Hoffnung ist der Reichtum, der in jeder Seele verkapselt liegt und ist der Segen der göttlichen Schöpfung.

Good People/Gute Menschen, Rostock, 16.10.2009 (Wismar 23.10.2009, Schwerin 06.11.2009), Predigt von William Wolff

Good People Menschen

Jeder Mensch, wenigstens in der westlichen Welt, kennt die Namen der Menschen, von denen unsere Torahvorlesungen handeln. Adam und Eva, Noah, Abraham, Isaak und Jakob. Sie sind möglicherweise noch berühmter als Puschkin oder Tschaikowsky und haben Namen, die noch länger in der menschlichen Geschichte leben werden als die von Günter Grass, Konrad Adenauer oder Angela Merkel.

Eine der Fragen, welche diese oder andere berühmte Menschen, wie Schiller oder Shakespeare, Gordon Brown oder Barack Obama, an uns stellen, lautet: Sind berühmte Menschen auch gute Menschen?

War Albert Einstein ein guter Mensch oder Pablo Picasso? Ihr Ruhm ist unantastbar. Aber über ihre Güte gibt es verschiedene Meinungen. Ich kenne ihre Lebensgeschichten nicht genügend, um mich darüber zu äußern.

Ich weiß nur, dass Ruhm und Güte keine siamesischen Zwillinge sind. War Lew Tolstoi ein guter Mensch oder William Shakespeare? Es gibt Gangster, wie Al Capone aus Chicago, die über die Jahrhunderte hinweg berühmt bleiben. Sie mögen nett zu ihren Kindern gewesen sein, aber gut waren sie nie.

Das weiß jeder von uns, denn jeder von uns weiß, was menschliche Güte bedeutet. Und dass sie nichts mit Ruhm zu tun hat.

Güte hat damit zu tun, was in unserem Herzen liegt, und nicht damit, was in unserem Denkapparat vor sich geht. Es gibt hochintelligente Menschen, es gibt wissenschaftliche Genies, von denen niemand behaupten kann, dass sie auch gute Menschen waren. War der englische Wissenschaftler Howard Florey, der einer der Entdecker des Penicillins war, eines Antibiotikums, das den größten Fortschritt in der Humanmedizin darstellt, war dieser Florey ein guter Mensch? Ich habe keine Ahnung. Darüber wird nicht in der Geschichte der Wissenschaft diskutiert.

Über den bleibenden Ruhm von manchen Wissenschaftlern oder Schriftstellern, wie Günter Grass oder Alexander Solschenizyn, lässt sich wohl diskutieren. Aber jeder von uns kann Güte erkennen. Denn das menschliche Herz erkennt Güte schneller und sicherer, als das menschliche Gehirn dreizehn mal vierzehn multipliziert. Jeder Europäer weiß, wer Josef Stalin war, obwohl über die genaue Bewertung seiner Rolle in der europäischen Geschichte die Historiker sich noch lange streiten werden. Und jeder Europäer weiß auch, dass niemand ihn unter die hundert besten Menschen in der europäischen Geschichte einordnen würde.

Aber über die Güte von unseren Nachbarn oder unseren Mitarbeitern, selbst von unseren engsten Verwandten, über die ist sich jeder klar.

Darum ist es umso trauriger, dass wir uns so wenig mit der Güte von berühmten Menschen in der Geschichte oder der Gegenwart beschäftigen. Dass zum Beispiel die mögliche Güte von Barack Obama in seiner geschichtlichen Bewertung niemals eine Rolle spielen wird, obwohl er bis heute kaum neun Monate in dem mächtigsten Amt der Welt sitzt. Umso trauriger und umso rätselhafter. Denn Güte zu erkennen, ist nicht schwer.

Die Freunde, die mich auch aus dem Ausland anrufen, um zu hören, wie es mir geht, oder der Neffe der mich neulich aus Amerika anrief, weil der Todestag meiner Mutter und seiner Großmutter war – in ihrem Herzen herrscht Güte.

Wenn wir der Güte einen solch großen Stellenwert wie bei der Bewertung von Menschen und der Geschichte geben würden, dann könnten wir unsere Welt für immer verwandeln. Denn die Güte im menschlichen Herz hat mehr Macht über menschliches Leben, als Gewalt es jemals hatte, so wie Wärme Eis zum Schmelzen bringt.

Amen

Gute

BRITISH RESCUERS OF JEWS IN THE HOLOCAUST
COLLECTED BY THE
BETH SHALOM HOLOCAUST CENTRE, NOTTINGHAM

NAME	NUMBER RESCUED
Bedane, Albert	1
Cook, Ida & Louise	29
Coward, Charles	400-800
Foley, Frank	Up to 11,000
Haining, Jane	Many children
Landman, Elizabeth	80 Jewish children
Renate, Sister (Seebass)	2
Skipwith, Sofka	Several
Ten British POW's: John Buckley; Alan Edwards; Willy Fisher; Bert Hambling; George Hammond; Bill Keeple; Roger Lechford; Tommy Noble; Bill Scrunton; Stan Wells	1
Walsh, Sister Clare	5
Winton, Nicholas	669 young children
Smallbone, Robert T	Assisted Frank Foley

"HE WHO SAVES A SINGLE LIFE IS AS IF HE SAVED A WHOLE WORLD"
MISHNAH: SANHEDRIN 4:5

»Derjenige, der ein einziges Leben rettet, gilt, als hätte er eine ganze Welt gerettet.« Mischnah (Sanhedrin 4/5)
Jewish Cemetery / Jüdischer Friedhof in London, Hoop Lane, August 2009

Segnung des Brotes an Rosch ha Schana in der Jüdischen Gemeinde Rostock, September 2009

Auszug aus: Bringt Judentum ein Vorteil?, Schwerin, 02.07.2010, William Wolff

Etwas niedriger als

Möglicherweise das größte Geschenk des Judentums ist eben die Anerkennung, dass wir eine Seele haben, dass diese Seele nicht nur regelmäßige Ruhe, sondern auch ständigen Respekt verlangt.

Diese Seele macht uns, so wie die Rabbiner sagten, höher als die Tiere und nur etwas niedriger als die Engel. Und diese Seele hat einen Hauch von Ewigkeit.

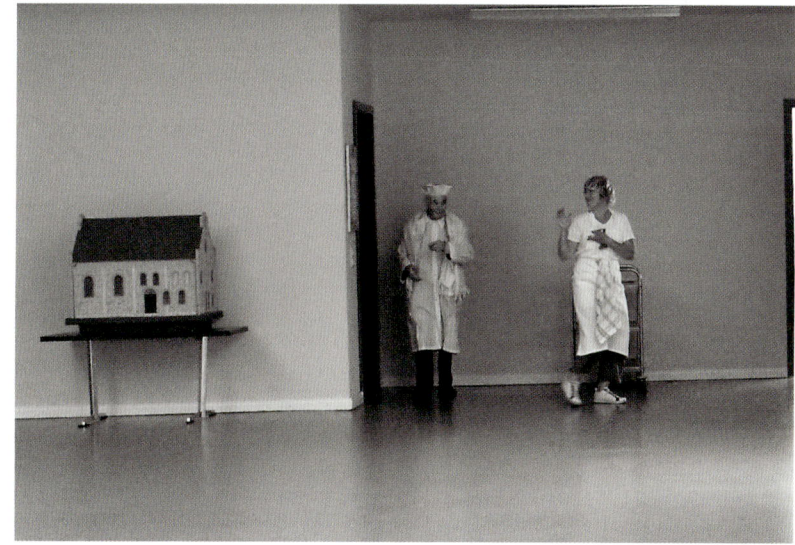

die Engel

Und Moses sagte zu den Israeliten: Siehe, der Herr hat Bezallel berufen und mit dem Geist Gottes erfüllt..., dass er geschickt sei und kunstreich arbeiten könne.

So wurde Bezallel der erste im Judentum genannte Architekt und Innenarchitekt – der Vorläufer von Herrn Brenncke und Herrn Albrecht, die diese Synagoge so schön für uns vor Monaten gebaut haben. Ob sie gläubige Menschen sind oder so genannte Atheisten, weiß ich nicht. Aber jeder kann sehen, dass sie mit dem Geist Gottes erfüllt waren. Denn woher kam ihr Talent, um Schönes zu schaffen, mit beschränkten Mitteln auf sehr beschränktem Platz?

GEIST GOTTES

Auszug aus: Geist Gottes, 21.03.2009 (Ex. 35/30&31), Wajakhel, William Wolff

Schweriner Synagoge, Mai 2009

Das kann nicht jeder. Ich kann das ganz bestimmt nicht. Ich habe zwei linke Hände, sagt man, sei ein Tollpatsch, habe überhaupt keine praktische Begabung. Meine Gene sind es, die das bestimmt haben. Aber wer hat die Gene geschaffen? Und wer hat entschieden, dass in solch kleinen Bestandteilen, die man mit bloßem Auge nicht sehen kann, und möglicherweise auch nicht mit dem Mikroskop, wer hat entschieden, dass in solch winzigen Einheiten ein Urtalent, wie die Maler Rembrandt oder Picasso oder die Musiker Ludwig von Beethoven, Johann Sebastian Bach oder, es sei mir bitte verziehen, ihn in einem Atemzug zu nennen, Mick Jagger steckt? Ist all das nur Zufall? Nur ein willkürlicher Weg, Abweg oder Umweg der Natur? Es hat sich so ergeben. Aber wie und warum?

In der heutigen Wissenschaft gibt es die große Spaltung in Absicht und Willkür. Es gibt aber noch andere Möglichkeiten, die ich nicht verstehe. Obwohl das menschliche Hirn sich am liebsten auf zwei Möglichkeiten beschränkt – das macht das Denken leichter –, gibt es doch immer oder meistens mehr. Aber das strengt das menschliche Gehirn besonders an und steht weit außerhalb meiner Denk- und Vorstellungsmöglichkeiten. Also für heute sollen die zwei Möglichkeiten uns genügen. Sie genügen auch für mein Argument.

Und das ist es, dass der Zufall mir unwahrscheinlich scheint. Warum unter den Millionen von Möglichkeiten, die der Natur zur Verfügung standen, gerade die eine zum menschlichen Genie führte? War das nur Zufall? Dem Zufall können wir viel Glück zuschreiben – oftmals die Tatsache, dass sich die Frau und der Mann, die eine glückliche Ehe zustandebringen – was nicht immer einfach ist – zum ersten Mal getroffen haben. Das ist meistens Zufall. Dass ich nach Schwerin kam – was viel Freude und Genugtuung in mein Leben gebracht hat – das war gewissermaßen auch Zufall. Aber so wie ein Esel nur eine beschränkte Last tragen kann, so kann der Zufall das auch nur. Man kann ihm nicht alles zuschreiben.

Da hat im menschlichen Leben noch eine andere Macht die Befugnis zum Mitreden und zum Mitentscheiden. Eine Macht, die das menschliche Hirn schwer zu identifizieren oder zu beschreiben vermag. Eine Macht, die nicht nur Zufall ist. Eine Macht, die für mich und für andere, die sich mit dem Thema beschäftigen, ihr Rätsel bis heute bewahrt hat.

Das bedeutet jedoch nicht, dass sie es für immer und ewig bewahren wird. Die heutige Wissenschaft hat unserer Generation erkennbar gemacht, was unseren Voreltern noch verschlossen blieb, seit Jahrhunderten verschlossen blieb. Aber ob, wie und wann die Wissenschaft endlich den Schlüssel findet, der uns dieses Geheimnis enthüllt, das weiß heute keiner von uns, und das kann auch keiner mit Genauigkeit vorhersagen. Die Zukunft des Wissens bleibt ein Mysterium, das heute noch schwerer zu entziffern ist als andere Aspekte der Zukunft. Zum Beispiel ist es nicht schwer vorherzusagen, dass ich aller Wahrscheinlichkeit nach in 20 Jahren nicht mehr auf der Kanzel stehen werde. Ebenso ist es unwahrscheinlich, dass ich, obwohl ich passionierter Autofahrer bin und eine große Liebe zu Frankreich habe, jemals das 24-Stunden-Rennen von Le Mans in der Normandie gewinnen werde. Ich habe dafür in früheren Jahren manchmal auf etlichen Straßen trainiert, mir dabei aber immer nur eine Strafe von der sehr fairen englischen Polizei eingehandelt.

Manchmal werde ich gefragt, wie ich denn die Zukunft dieser Gemeinde sehe, ob sie in 20 oder 30 Jahren noch bestehen wird, ob sie eine fruchtbare Zukunft hat oder nur eine begrenzte. Auf diese Frage habe ich keine überzeugende Antwort. Es wurde hier eine lebensfähige und meines Erachtens in vieler Hinsicht fruchtbare jüdische Gemeinde aufgebaut. Aber die Zukunft hängt von unseren Jugendlichen ab und möglicherweise von einer neuen jüdischen Zuwanderung.

All das kann ich nicht vorhersehen. Das Einzige, das wir tun können, ist, die Struktur, die wir erfolgreich aufgebaut haben, mit der Wärme des Lebens zu erfüllen. Das tun wir ganz besonders wieder in den nächsten Wochen, mit unserer Feier des Pessachfestes. Aber die Zukunft bleibt ungewiss, oder, wie ich als gläubiger Mensch sagen würde, bleibt in Gottes Händen.

Ich hoffe und bete nur, dass wir weiter unter uns Frauen und Männer haben werden, die mit dem Geiste Gottes erfüllt sind und bleiben, so wie es einst Bezallel in der Wüste war oder Joachim Brenncke im heutigen Schwerin. Und diese Hoffnung, die eigentlich bei mir eine Sicherheit ist, gibt mir Mut und Kraft und Zuversicht, weiter an unserer so fruchtbaren Gegenwart mitzuwirken. Denn eine fruchtbare Gegenwart baut immer ihre eigene Zukunft, so wie ein Architekt ein Wohnhaus oder eine Synagoge, mit Gottes Hilfe und Gottes Segen.

Amen

Geist Gottes

William Wolff mit Schweriner Sonntagsschülern in Amsterdam, September 2009

Die Sonntagsschüler im Dezember 2009

In der Gemeinde hatten die Kinder heute ihre Generalprobe für das von ihnen organisierte Chanukka-Konzert am nächsten Sonntag (13.12.2009).

Durch das Programm wird – wie soll es auch anders sein – auf Russisch geführt, aber ansonsten gefällt es mir schon recht gut, was die Kinder, oder besser gesagt, die beiden Betreuerinnen in der Sonntagsschule, in das Programm aufgenommen haben. Lediglich ein russisches Lied, viele hebräische Lieder (von Maos Tzur bis Hava Nagilah), ein deutsches Lied und ein deutsches Gedicht. Bei diesem Gedicht, das danach fragt, wie wohl ein Engel aussehen mag, frage ich mich nun wieder, was das mit Chanukka zu tun hat.

Chanukka-Konzert

Ich wirke an dem Programm nicht mit und würde altersmäßig wohl auch ein wenig fehl am Platze sein.

Meine Aufgabe bestand heute lediglich darin, die Synagoge aufzuschließen und für eventuelle (religiöse) Fragen der Kinder bereitzustehen.

Fragen wurden, wie erwartet, nicht an mich gerichtet, aber dafür fand ein kleines Mädchen Gefallen daran, an meinen Zizijot zu ziehen – das war wohl ihre Form der Kontaktaufnahme, um mit mir zu spielen.

Momentan arbeite ich an einer Art Chanukka-Haggada, die ich dann nächste Woche auf den Plätzen in der Synagoge verteilen werde, in der Hoffnung, dass sie in dem einem oder anderem Haushalt Verwendung finden wird, was ich jedoch stark bezweifle, denn das Hauptgesprächsthema der Kinder waren ihre Weihnachtswünsche und die Enttäuschung über die mager ausgefallenen Geschenke zum Nikolaustag.

Nach dem Konzert werde ich den Familien dennoch anbieten, gemeinsam mit mir Dreidel zu basteln. Vielleicht kann man so etwas Interesse wecken….

6. Dezember 2009, Auszug aus dem WebTagebuch
von Ronny Yitzchak Rohde

Kindergottesdienst zum Thema »Noah«, Januar 2010

Noah ist die erste Figur in der Bibel, zu der ich eine Beziehung haben und die ich mir im häuslichen Rahmen oder sogar in einer Gaststätte vorstellen kann. Von Adam und Eva wissen wir ja kaum etwas, nur eben, dass sie in einem ungelegenen Moment in den sauren Apfel bissen, was uns allen vielleicht einmal passieren kann. Was ich an Noah so bewundere, ich, der manchmal Schwierigkeiten hat, einen Schraubenzieher von einem anderen zu unterscheiden, was ich also an Noah so beneidenswert finde, ist, dass er ein so praktischer Mensch war, der, wenn die Tür quietschte, sofort zum Ölkännchen griff. Ein Mensch, der mit jeder Situation im Leben fertig wurde.

Ein wunderbar praktischer Mensch, der jede Lage, in die er plötzlich kam, anpackte und bewältigte. Und es gab einen Grund, warum er sie bewältigte. Weil er nicht nur verstanden hatte, dass wir Mitmenschen haben und auch Tiere, mit denen wir unsere Erde teilen und dass wir von ihnen abhängen. Dass wir das aber alleine nie schaffen. Es gibt Tänzer, die Solo tanzen. Persönlich finde ich sie höchst langweilig. Für einen schönen Tanz brauchen wir andere Tänzer, mit denen wir zusammen tanzen. So ist es in der Disco, so ist es im Ballett. Und was ist ein Lehrer ohne Schüler? Wie viel Freude hätte er, jeden Morgen um acht vor einer Klasse ohne Schüler zu stehen? Und was macht ein Arzt ohne Patienten? Guckt er sich »Willi will's wissen« an? Den ganzen Tag? Und ist er dafür ausgebildet worden?

Wir brauchen unsere Mitmenschen wie das Brot auf dem Tisch.

Noah kümmerte sich um seine Mitmenschen, und das machte ihn, in der biblischen Geschichte jedenfalls, zum zweiten Gründer der ganzen Menschheit. Und das kann man von keinem Kaiser, keinem Kanzler und keiner Kanzlerin, auch von keinem Nobelpreisträger sagen.

Die menschliche Güte liegt hauptsächlich darin, dass wir uns um andere kümmern.

Auszug aus: Noah, William Wolff, Schwerin, 24.10.2008

NOAH

Das missachtete

»Mehr noch als die Juden den Schabbat gehalten haben, hat der Schabbat die Juden gehalten.« Und damit sagt der ursprünglich ukrainische Ascher Ginzberg: Ohne den Schabbat noch in irgendeiner Weise zu feiern, ist es nicht möglich, ein tägliches und wöchentliches jüdisches Leben aufrecht zu erhalten. … Und in einem Zeitalter, wo Juden in den meisten Ländern der Welt zum ersten Mal vollen, freien und zwanglosen Zugang zu allen Schichten der Gesellschaft haben, sind die meisten nicht mehr bereit, freiwillig in ein »Ghetto« zurück zu gehen, nicht einmal für 24 Stunden in der Woche. …

Sie sind sich oft nicht einmal völlig bewusst, dass diese Säule des Judentums dabei ist, wegzubröckeln und einer dringenden Rettung bedarf. Dies ist heute der Fall in Deutschland. Das bedeutet, dass es trotz der Einwanderung aus Osteuropa in 30 oder 50 Jahren in Deutschland kaum noch Juden geben wird. Was einem Rabbiner bei dieser Behauptung dabei besonders weh tut, ist, dass weder er noch seine Kollegen, im einzelnen oder als Kollektiv, vermögen, dieses leise Verschwinden aufzuhalten. Hin und wieder ist es uns gegeben, diesem oder jenem Gemeindemitglied Adieu zu winken, aber selbst das nur sehr selten. Sie melden sich nicht mehr, sie lassen sich nicht mehr sehen. Was durch 2.000 Jahre die beinahe unverwüstliche Stärke des Judentums war, nämlich sein Nachdruck auf Praxis, hat sich heute in eine tödliche Schwäche verwandelt. Das Judentum wird nicht mehr ausgeübt, der Schabbat wird nicht mehr gehalten, und somit verschwindet nicht nur das Judentum, es verschwinden auch die Juden. Um zu Ascher Ginzberg Achad HaAm zurückzukommen: Je weniger Juden Schabbat halten, desto weniger bleibt von ihrem Judesein, ihrer jüdischen Lebensweise und ihrer jüdischen Identität übrig.

Schabbat im Oktober 2009

Auszug aus: Unsere Gemeinde / Januar – Februar 2010, jgd.de zeitung
Das missachtete Geschenk der Zeit von William Wolff

Geschenk der Zeit

Daniella Levi im Oktober 2009 beim Schabbat.
Daniella ist das 1.000 Mitglied in der Jüdischen Gemeinde Schwerin.

Auszug aus: Hope/Hoffnung, Schwerin, 18.12.2009, William Wolff

Hope Hoffnung

Wenn ich morgens aus dem Bett steige, noch bevor ich völlig wach bin, empfange ich eines der schönsten Geschenke, das Gott mir in die Seele gelegt hat. Das ist die Hoffnung. Die Hoffnung, dass der Tag, der nun für mich beginnt, reibungslos verläuft, dass keine Probleme auftauchen, die ich nicht lösen kann. Ganz ohne Probleme möchte ich allerdings auch nicht leben. Jeder von uns benötigt seine Herausforderungen. Sonst wird das Leben langweilig.

Hätte wirklich jemals ein Mensch den Nordpol oder den Südpol entdeckt, ohne die Hoffnung zu haben, etwas Neues zu entdecken? Würde jemand wirklich das Fernsehen anmachen, ohne die Hoffnung, etwas Spannendes zu sehen? Wäre der junge Arzt Roger Bannister wirklich jemals monatelang durch die Wiesen und Wälder Mittelenglands gerannt, ohne die Hoffnung, dass er eines Tages eine Meile in weniger als vier Minuten laufen würde? Und dann schaffte er sie sogar in nur drei Minuten 58 Sekunden. Ohne Hoffnung würde heute im olympischen Sport eine Meile immer noch in sechs Minuten gelaufen werden.

Und viel mehr als Hoffnung hatte Sigmund Freud auch nicht, als er vor ungefähr hundert Jahren die Wissenschaft von der menschlichen Seele erfand.

Ohne Hoffnung auf ein besseres Regierungssystem würde heute noch ein Zar in St. Petersburg oder Moskau regieren. Ohne Hoffnung wäre es Michail Gorbatschow nie gelungen, dem Kommunismus ein freundliches Gesicht zu geben und damit ein neues Zeitalter in der europäischen, ja in der Weltgeschichte zu eröffnen.

Für jeden von uns bringt das Leben nicht nur Herausforderungen, wir werden auch des Öfteren vom Leben schwer geprüft. Könnten wir das jemals überstehen ohne Hoffnung? Es ist nun schon 25 Jahre her, dass ich innerhalb von 18 Monaten meinen Zwillingsbruder verloren habe, durch eigene Hand, und meine Mutter durch einen natürlichen Tod. Und damit waren meine engsten Verwandten verschwunden. Nur die Hoffnung, dass mein Leben einmal besser wird, hat mir Trost gebracht. Und dann wurde es auch besser. Sie, die Sie mich kennen, wissen ja, dass ich kein unglücklicher Mensch bin. Das merkt jeder sofort, wenn er mich kennen lernt.

Es ist nutzlos zu fragen, ob Liebe oder Freundschaft wichtiger im Leben sind als Freiheit. Wir brauchen das eine wie das andere.

Aber eines ist klar: Das kostbarste Geschenk, welches Gott uns mit auf den Lebensweg gegeben hat, ist die Hoffnung. Sie ist die Quelle eines jeden Reichtums auf Erden, der Reichtum, der möglicherweise auf der Bank liegt und der noch viel größere Reichtum, den jeder von uns finden kann in unserer von Gott erschaffenen Seele...

Auszug aus: Chukat 2, Schwerin, 16.06.2010, William Wolff

Ohne mich zu beklagen....

Nun hatte Gott das erste und das letzte Wort – so wie es seit ewigen Zeiten der Fall ist und bis in alle Ewigkeit bleiben wird. …

Es ist allerdings manchmal schwer, sich genau klar zu machen, was der Wille Gottes für einen ist. Aber ich sehe den Willen Gottes im Schicksal, das nicht mehr zu ändern ist. Indem ich dieses Schicksal annehme, ohne mich zu beklagen, ebnet mir diese Annahme den Weg zur Freude an meinem Leben. Und Freude, noch mehr als Glück, ist vielleicht das schönste Geschenk, welches das Leben uns anbieten kann.

William Wolff in seinem südenglischem Zuhause »Little Paddock«

Little Paddock, Südengland, August 2009

So wie ich immer noch staune, jedes Mal tue ich das, wenn ich abends zu dem Hügel schaue, der von meinem englischen Küchenfenster aus zu sehen ist, und mit offenen Augen plötzlich in die Sonne schaue, die jetzt nur noch eine rote Kugel ist und in zehn Minuten ganz verschwunden sein wird. Ein Naturwissenschaftler würde mir erklären, dass die Sonne nie verschwindet, sie immer dort bleibt, wo die Schöpfung sie vor Millionen Jahren hingesetzt hat. Sie fällt nicht aus dem Himmel, sie verschiebt sich auch nicht am Himmel, wenn sie der Meinung ist, woanders wäre es bequemer für sie, trotz des Anscheins morgens, mittags und abends.

Und wenn die Sonne dann plötzlich hinter dem Hügel verschwindet oder an der Ostseeküste ins Meer versinkt, denn das tut die Sonne – ich sehe es ja immer mit eignen Augen, wenn ich in Warnemünde bin, und um drei oder vier Uhr früh, wenn ich schlecht geschlafen habe, sie wieder anderswo am Himmel auftaucht –, dann ist das ein ganz natürlicher Vorgang, den jeder mir erklären kann. Den ich aber trotzdem nicht verstehe. Für mich bleibt das ein Wunder. Und vielleicht nicht nur, weil ich dumm bin.

Vielleicht auch deswegen, weil die Schöpfung so ungeheuerlich ist, mich mit so viel Bewunderung erfüllt, allein der Rhythmus der Jahreszeiten, des Tages und der Nacht, der ganzen Natur, ein Rhythmus, den man sich in keinem Tanzlokal vorstellen kann, so dass ich sprachlos dastehe.

So schwer die Torah es mir manchmal macht, ein gläubiger Jude zu sein, so leicht macht es mir die Natur. Denn kein Mensch kann die Sonne in eine rote, mit nacktem Auge anschaubare Kugel verwandeln. Kein Mensch kann den Mond als blassen Sonnenzwilling in den Himmel setzen. Kein Mensch kann die Morgenröte anknipsen – und die Sonne abends wieder ausknipsen.

Das kann nur die Natur. Und wer hat die Natur geschaffen?

Die Natur hat einen Urheber. Und den nennt die Torah einfach Gott.

Auszug aus: Chukat, Schwerin, 05.07.2008, William Wolff

Schöpfung Natur

Der Traum ist nicht allzu weit verwandt mit unserem Glauben. Und unseren Glauben, wenn er stark genug ist und wir an ihm festhalten, trotz des Sturms der Zyniker und ihres Spottes, unseren Glauben können wir in Wirklichkeit umwandeln. Das weiß jeder von uns, denn jeder vollbringt dieses Wunder im täglichen Leben. Manche vollbringen es oft, manche nur selten. Aber jeder kann davon mitreden.

Auszug aus: Chaje Sarah, Schwerin, 22.11.2008, William Wolff

Traum und Glauber

William Wolff vor seiner Rede zur Straßenumbenennung von »Schlachterstraße«
in » Landesrabbiner-Holdheim-Straße« vor der Jüdischen Gemeinde Schwerin am 27.05.2010

Auszug aus: Order, Bemidbar, Rostock, 19.05.2007 (Schwerin, 23.05.2009), William Wolff

Order

Zwei Wochen lang suchte ich vor kurzem meine Brille. Schließlich begnügte mich mit einer alten, nicht so scharfen. Und dann fand ich sie. Unter meinem Auto auf dem kleinen Parkplatz vor dem Haus. Und plötzlich war mir die Bedeutung der heutigen Torahlesung klarer als je zuvor.
Zählt jeden Menschen in seinem Stamm, da, wo er hingehört! Nicht willkürlich auf der Straße. Sondern da, wo er hingehört. Denn das ist das Prinzip eines erfolgreichen Lebens. Ordnung. Den Schreibblock auf dem Schreibtisch zu finden und nicht hinter der Mikrowelle in der Küche. Das Hemd morgens auf dem Stuhl neben dem Bett und nicht auf dem Fußboden vor dem Bücherregal im Wohnzimmer. Die Rasierseife am Waschbecken und nicht hinter der Tastatur des Computers.

Stellen Sie sich vor, Sie wollen zum Arzt und finden im Wartezimmer die örtliche Polizeimannschaft und nicht die Krankenschwestern. Oder Sie wollen ein Buch kaufen, und in der Buchhandlung sind nur Spargel und Erdbeeren zu haben. Um überhaupt etwas im täglichen Leben zu erreichen, um Arbeit zu leisten oder eine Familie zu ernähren, dazu brauchen wir Ordnung. Dazu muss der Hausmeister an der Tür sitzen und nicht am Predigerpult. Und der Rabbiner am Predigerpult und nicht im Keller. Obwohl ich schon einmal auf dem Fußboden im Keller gesessen und eine Beerdigung arrangiert habe. Weil meine damalige Gemeinde gerade umgezogen war und nur auf dem Fußboden im Keller ein Telefon vorhanden war. Beinahe jeder sagt einem, dass die Schweiz ein sehr sauberes und teilweise sehr schönes Land ist, aber auch ein sehr langweiliges. Warum wohl? Weil dort alles in Ordnung ist, weil dort die Straßenbahn und die Fernbahn auf die Minute pünktlich sind, weil im Zeitungsladen keine Schokolade verkauft wird und im Süßigkeitenladen kein Tolstoi oder Puschkin zu haben sind. Du kannst dich auf alles und auf jeden verlassen. Ich kann Ihnen nur sagen, dass ich manchmal schon einige Zeit in dieser langweiligen Umgebung verbracht habe. Und es war ein Vorgeschmack des Himmels, sollte ich jemals in den Himmel kommen.

All das mussten die Kinder Israels in der Wüste erst lernen, denn sie waren am Anfang ihrer Selbstständigkeit. Sie waren wie Kinder, die Ordnung auch erst lernen müssen, bis sie in das erwachsene Leben hineinpassen. Manche Kinder lernen es schnell, manche lernen es nie und schaffen nie etwas im Leben, und manche lernen es nur halb, so wie ich, und kommen immer nur gerade so zurecht…

Ordnung

Little Paddock, Südengland, August 2009

Landesrabbiner William Wolff und Landespastor Martin Scriba auf dem Weg zum Gottesdienst und zum gemeinsamen Singen in die Schweriner Schlosskirche

Jeden Morgen und jeden Abend, 365 Tage im Jahr, wiederholt unsere Liturgie den Jubelschrei mit dem Moses seinen Siegesgesang beendete, nachdem er die Kinder Israels trocken durch das Rote Meer geführt hatte. Der Schrei hatte nur vier hebräische Worte: »Adonay Jimloch Le`Olam Wa`Ed.« Auf Deutsch sind es doppelt so viele: »Der Herr wird König sein, immer und ewig.«

König sein hieß damals: Regieren mit absoluter Macht, doch nicht so wie die heutige englische Königin, die gelegentlich auf ihrem gold geschmückten Thron sitzt und täglich an ihrem antiken Schreibtisch viele Staatsdokumente unterzeichnet. Aber über eine Regierungsmacht verfügt sie kaum.

Und die Regierungsmacht Gottes hat auch ihre Schranken und somit ihre klaren Grenzen. …

Aber wenn er so mächtig ist, warum gibt es so viel Schmerz, so viel Streit, und so viel Trauer in der Welt? Warum gibt es so viele Ehen, die nicht mehr glücklich sind und es mitunter niemals waren? Und warum leiden immer mehr Menschen heute an Krebs und an tödlichen Kreislaufkrankheiten? Und warum ist der älteste Sohn des englischen Oppositionsführers David Cameron vor einigen Wochen mit sechs Jahren gestorben? Das sind berechtigte Fragen. Aber so berechtigt die Fragen sind, so unmöglich ist es bis heute, sie zu beantworten. Wenn wir die Antworten wüssten, dann wären wir wahrscheinlich selber Götter.

Obwohl wir keine Götter sind, haben wir doch eine gewisse Macht. Jeder von uns hat die Macht, die Wärme unserer menschlichen Beziehungen höher zu stellen oder sie sinken zu lassen. Denn in dieser Hinsicht wird die Welt nicht alleine von Gott regiert. Er hat ein Kabinett und ein Parlament, die mit ihm regieren. Und die Mitglieder

Auszug aus: Der Ewige regiert, Schwerin, 20.03.2009, William Wolff

Der Ewige regiert

dieses Kabinetts und dieses Parlaments, das sind wir. Ob um uns herum die menschliche Atmosphäre warm oder eiskalt ist, das bestimmen nur wir. In der Hinsicht regieren wir bis an unser Lebensende nicht weniger, als Gott in alle Ewigkeit regiert.

Wir entscheiden das Klima der menschlichen Beziehungen in dem wir leben genau so, wie wir über die Temperatur der Heizung in unserer Wohnung entscheiden. Somit regiert jeder von uns in seiner Umwelt mit absoluter Macht. Das ist eine Macht, die wir nicht abschütteln können, die wir nie loswerden können. Sie bleibt in unseren Händen und unseren Herzen bis an unser Lebensende und manchmal noch darüber hinaus.

Das menschliche Klima in unserer Umwelt entscheidet nicht Gott alleine. Das schaffen und entscheiden hauptsächlich wir einfachen, aber niemals machtlosen Menschen.
Amen.

Monatsbrief an die Gemeinde, Juni 2010

BITTE, BITTE, ME

Ein Mitglied einer Gruppe von Besuchern, die an einem Montagnachmittag im Mai bei uns in der Synagoge am Schlachtermarkt waren, hatte eine etwas dunklere Haut als die meisten Europäer. Und er war der Erste, der nach meinem kurzen Vortrag über unsere Gemeinde und das Judentum eine Frage stellte. Was meine Meinung zum Nahost-Konflikt zwischen dem Staate Israel und der palästinensischen Bevölkerung sei?

Das zu beantworten, war für mich nicht schwer. Es war schließlich nicht das erste Mal, dass ich diese Frage hörte. Als Antwort griff ich in meine Hosentasche und holte ein kleines rotes Büchlein heraus, in der Größe von 8-1/2 zu 10-1/2 Zentimeter. Auf ihm stand vorne drauf: »European Union United Kingdom of Great Britain and Northern Ireland.« Mein englischer Pass.

»Wie Sie sehen,« sagte ich, »bin ich kein israelischer Bürger. Ich habe keinen Anteil an dem Israel-Palästina-Konflikt. Mein Problem ist, wen ich in der Woche, in der ich diesen Brief schreibe, in England wählen soll, Herrn Brown oder Herrn Cameron.« Manchmal füge ich dann noch hinzu: »Ich zahle in zwei Ländern meine Steuern, hier in Deutschland und in England. Das genügt mir vollkommen. Ich habe überhaupt keinen Wunsch oder Ehrgeiz, noch in einem dritten Land Steuern zu zahlen.« So steht es bei mir. Aber ist es damit abgetan?

In einer Hinsicht ja. Ich habe als englischer Staatsbürger und deutscher Landesrabbiner nicht den geringsten Anteil an dem Nahost-Konflikt. Nichts, das ich tue oder lasse, nichts, das ich sage oder durch Schweigen begrüße, hat auch nur den kleinsten Effekt auf diesen Konflikt. Dessen bin ich mir sehr wohl bewusst. Und für mich wäre es dumm, darüber zu plappern. Das ist Sache der Menschen, deren Leben und Lebensweise von dem Konflikt und seiner Lösung abhängig sind.

Von einem anderen Standpunkt aus hat der Konflikt und seine hoffentliche Lösung die größte Bedeutung für mich. Ich stamme aus dem Zeitalter der Judenvernichtung in Zentral- und Osteuropa. Wenn meine Eltern nicht im September 1933 den Mut gehabt hätten, ein sicheres und keineswegs armes Leben in Berlin aufzugeben und die Ungewissheit der Emigration auf sich zu nehmen und Flüchtlinge zu werden, erst in Holland und dann in England, hätte mein Leben aller Wahrscheinlichkeit nach mit 14, 15 oder 16 Jahren in Auschwitz oder in einem anderen Vernichtungslager sein Ende gefunden. So bin ich meinen Eltern ewig dankbar für den Mut, den sie bewiesen haben, und der schließlich meinem Vater, der schon 55 Jahre alt war, als er mit einer 20 Jahre jüngeren Frau und drei kleinen Kindern die Ungewissheit der Emigration auf sich nahm, seine nervliche Gesundheit gekostet hat.

Ich bin mir an jedem Tag und zu jeder Stunde bewusst, dass, wenn es in den 1930er Jahren schon einen Staat gegeben hätte, in dem eine jüdische Mehrheit die souveräne Staatsmacht ausübt, es nie zu der europäischen Judenvernichtung gekommen wäre.

Heute sind Juden von niemandem mehr abhängig für ihr Überleben. Als der letzte Schah von Persien vor einem halben Jahrhundert von seinem Thron gejagt wurde und seine Nachfolger Judenhass als Teil ihrer Politik von der Leine ließen, hatten die Juden Persiens einen sofortigen Zufluchtsort zur Verfügung, dessen Türen Tag und Nacht für sie offen waren – den Staat Israel. So ist es mit Juden in jedem der mehr als 70 souveränen Staaten der Welt. Solange der Staat Israel lebt, wird kein Jude mehr wie eine Maus in einer Falle sitzen, so wie die deutschen, polnischen und zum Schluss alle europäischen Juden im Zeitalter der Naziherrschaft in der Falle saßen.

Das ist die ständige, tägliche Errungenschaft des Staates Israel. Deshalb erlaube ich es mir nicht, diesen Staat öffentlich zu kritisieren.

Seine Sicherheitspolitik ist Sache seiner Bürger, nicht Sache eines deutschen Rabbiners mit englischem Pass. Aber die Zukunft des Staates Israel und seine weitere sichere Existenz sind lebenswichtiger für mich als meine nächste Mahlzeit. So wünsche ich diesem Staat, der Anfang Mai seinen 62. Geburtstag feierte, nicht nur das traditionelle »bis 120«. Ich wünsche ihm mit meinem ganzen Herzen und mit all meiner Leidenschaft eine zeitlich unbegrenzte Zukunft in Wohlstand, Sicherheit und dass seine Türen weiterhin offen stehen mögen.

Es grüßt Sie recht herzlich Ihr Rabbiner William Wolff

HR ALS 120.

Die letzte Stunde dieses Jom Kippurs, von diesem Versöhnungstag, gibt uns eine letzte Gelegenheit zum Aufräumen, eine Gelegenheit, die letzten Schuldgefühle aus unserer Seele zu fegen. Eine Stunde, um in unserer Seele nochmals aufzuräumen, damit wir nur mit leichtem Gepäck in das neue Jahr hineinreisen. Denn das ist der Zweck, zu dem Gott uns diesen Tag geschenkt hat – unsere Seele zu befreien von ihren letzten Schuldgefühlen. Eine Gelegenheit, den Menschen in unserem Herzen zu verzeihen, von denen wir meinen, dass sie uns beleidigt, verletzt oder zu Unrecht beschuldigt haben. Und eine letzte Gelegenheit, uns selbst zu verzeihen für das Unrecht, dass wir meinen, anderen angetan zu haben. »Wer hat schon wieder meine Kleiderbürste versteckt, dorthin gelegt, wo ich sie nicht finden kann«, sage ich manchmal in ungehaltener Weise, obwohl ich weiß, dass nur ich sie irgendwo hingelegt habe. Warum steht so viel Abwasch in der Küche herum, obwohl ich wohl weiß, dass nur ich die Verantwortung dafür trage. In dieser letzten Stunde wollen wir nicht nur anderen verzeihen, sondern auch uns selbst für die vielen Dinge, die wir meinen, in diesem letzten Jahr falsch gemacht zu haben. Es gibt ein lateinisches Sprichwort, das sagt, dass Irren menschlich ist: Errare humanum est. In dieser letzten Stunde des Jom Kippurs sind wir gebeten, uns diese Wahrheit erneut in unser Bewusstsein zu bringen und auch uns selbst zu verzeihen für all das, was wir womöglich falsch gemacht haben. Das ist manchmal die schwerste Aufgabe, die uns dieser Tag stellt – uns selbst zu verzeihen, aber auch anderen. Und das an unseren Gewohnheiten zu verändern, das wir in unserem Herzen wissen und das Besserung verlangt.

Es ist in den nächsten zehn Tagen 24 Jahre her, dass meine Mutter gestorben ist. Stunden bevor sie ihren Kopf zum letzten Mal auf ihr Kopfkissen zurücklegte, hat sie mir ein Geschenk gemacht, das ich selbst in die nächste Welt mitnehmen werde, wenn es uns denn erlaubt ist, auch nur irgendetwas in die nächste Welt mitzunehmen. Meine Mutter hat in ihren letzten Jahren sehr an Herzschwäche gelitten und fühlte sich am wohlsten im Bett. Aber laut moderner medizinischer Lehre durfte sie nicht ständig liegen. So hatte sie schon mehrere Stunden in dem Sessel neben ihrem Bett gesessen, als ich zu ihr ins Zimmer kam, um mich zu von ihr verabschieden. Ich musste zu meinem Londoner Rabbinerposten, um den Freitagabend-Gottesdienst zu leiten. Das Gesicht meiner Mutter, das noch jugendliche Züge bis ins hohe Alter bewahrt hatte, sah leidend und übermüdet aus. »Möchtest Du zurück ins Bett«, fragte ich sie. »Natürlich möchte ich das«, sagte sie, »aber ich werde es noch ein bisschen länger hier im Sessel aushalten.«

»Nein,« sagte ich, »das brauchst Du nicht«, und half ihr, sich wieder ins Bett zu legen. Als sie bequem dort lag, bedankte sie sich bei mir. Der Ausdruck ihrer Stimme sagte mir deutlich, dass sie sich für mehr bedankte als nur für die kleine Hilfe, die ich ihr eben geleistet hatte. Als ich dann am Abend von Erew Schabbat Gottesdiensten zurückkehrte, die ich in zwei Synagogen geleitet hatte, kamen zwei Krankenschwestern, die sich regelmäßig um meine Mutter kümmerten, auf mich zu. Und ehe sie auch nur ein Wort von sich gegeben hatten, wusste ich, was sie mir sagen würden.

So hatte mir meine Mutter in unserem letzten Gespräch ein Geschenk gegeben, das mich bis an mein Lebensende begleiten wird – und wer weiß, vielleicht noch in die nächste Welt hinein. Viele Menschen, so auch ich, machen sich Vorwürfe, dass sie sich nicht genügend um ihre alten Eltern gekümmert, sie nicht oft genug angerufen oder besucht haben und vielleicht öfter mit ihnen zum Arzt hätten gehen sollen. Und wenn ich anfange, mir manchmal solche Vorwürfe zu machen, dann erinnere ich mich an den letzten Dank meiner Mutter und ein großer Schatten weicht von meiner Seele.

Das ist und bleibt der Zweck und das Ziel dieses Tages, dieses Jom Kippurs, dass mit der letzten Stunde dieses Tages unsere Seele von jeder Last, jeder Schuld und jedem Schatten befreit wird. Damit wir dieses neue Jahr mit frischem Mut und unbekümmerter Freiheit antreten und somit unserer Seele frische Erfüllung schenken und eine neue, göttliche Reinheit und Vollkommenheit. Amen

Das Grab von Charlotte Hofler, William Wolffs Mutter, auf dem Jüdischen Friedhof, Hoop Lane, London

Vom Versöhnen
Auszug aus: Neílah 5770, Schwerin, 28.09.2009, William Wolff

Auszug aus: Nitsawim, Schwerin, 12.09.2009 (Rostock, 20.09.2003), William Wolff

Hier sind wir heute

Wir Juden haben eine Vergangenheit. Wir haben eine längere Geschichte und Vergangenheit als irgendein anderes Volk auf Erden.

Wo sind heute die alten Griechen Alexanders des Großen, dessen Kultur das ganze Mittelmeer für Jahrhunderte beherrschte? Haben die heutigen Griechen und ihre heutige Kultur irgendetwas gemeinsam mit den Menschen oder der Kultur der alten Griechen?

Und haben die heutigen Iraner irgendetwas Gemeinsames mit ihren persischen Vorfahren?

Nur wir Juden haben eine ununterbrochene Geschichte von mehr als 3.000 Jahren. Für uns ist diese lange Vergangenheit, diese Rekordgeschichte, von Belang, denn sie gibt uns Stolz und Rückhalt, Kraft und Tiefe. Sie gibt uns eine Überlebenskraft, die zum Merkmal der jüdischen Geschichte geworden ist. Wir haben die Kraft, und wir haben bewiesen, dass wir in der Lage sind, die dramatischen Wendungen in unserem Schicksal zu überleben und zu überwinden.

Die Römer dachten, als sie im Jahre 70 Jerusalem eroberten und zerstörten und den Tempel in Jerusalem niederbrannten, der bis zu dem Zeitpunkt der Mittelpunkt des jüdischen Gottesdienstes war, damit das Ende der Juden und des Judentums herbeigeführt zu haben. Und heute, mehr als 1.930 Jahre später, sind wir immer noch da. Und wo sind die Römer?

William Wolff bläst in seiner deutschen Wohnung das Widderhorn (Schofar).

Dr. Peter Fischer, ehedem Leiter der Geschäftstelle des Zentralrats der Juden in Deutschland in Berlin

Rabbiner sind Mang

Mit den nach 1989 gravierend veränderten gesellschaftlichen Verhältnissen sind Juden in nennenswerter Zahl zu uns gekommen. Seit nun fast zwanzig Jahren leben zwei jüdische Gemeinden in Mecklenburg-Vorpommern tatsächlich auf. Überwiegend russischsprachig und mit den Mentalitäten ihrer neuen Umgebung keineswegs vertraut. Und zumeist doppelt entwurzelt: ihren Herkunftsverhältnissen entwichen, ihren jüdischen Wurzeln entfremdet, im Spagat zwischen abgewirtschaftetem Sowjetsystem und Supermarkt-Werbung. Mit hoher Qualifikation ausgestattet, sind sie noch immer von hoher Arbeitslosigkeit betroffen, allzu oft werden die Erwartungen der Einwanderung enttäuscht.

Wer in Schwerin oder Rostock verhilft diesen Menschen zu dem jüdischen Selbstverständnis, um sich als Juden in Deutschland behaupten zu können? Wie entwickelt sich mit ihnen eine jüdische Gemeinde, die ihren Namen auch verdient?

Zunächst gab es keinen offenen jüdischen Friedhof und ebenso keine Synagoge mehr. Räumlichkeiten waren erbärmlich runtergekommen. Eine religiöse Autorität fehlte weithin. Nicht mal ein einheimischer Jude konnte Rat geben. Kenntnisse zur jüdischen Religion – verbreitet Fehlanzeige. Fremde von außen oder aus der Ferne boten aus sehr unterschiedlichen Beweggründen ihre Hilfe an. Sie wurde selbstverständlich angenommen. Zu brennend waren die sozialen Probleme. In den Ämtern wurde zäh gerungen.

»Mein« einstiger Berliner Rabbiner Ernst M. Stein machte sich Sorgen. Berechtigt, wie ich die Gemeinde meiner Heimatstadt kannte. Es gab kaum Geld, selbst für die elementarsten Dinge. Für 64 jüdische Gemeinden der Bundesrepublik, damals Mitte der 90er Jahre, gerade mal 12 Rabbiner. Männer, unterschiedlichster Prägung, zu eng an ihre jeweiligen Gemeinden gebunden. In allen ostdeutschen Bundesländern war die personelle Besetzung mit religiösen Persönlichkeiten ein Thema des Missmuts. Wer käme in Frage, wer nähme sich ein Herz? Wer hätte die Möglichkeiten, dafür aufzukommen? Probleme solcher Anstellung konnte niemand allein lösen.

Einer wie Rabbiner William Wolff, der im Berliner Beit Din seit Jahren mitwirkt, schien mir geeignet. Er ist mir vom ersten Augenblick an sehr nah. Sicher weil er ehedem aus meinem Wohnort Berlin und aktuell aus England kommt, dem Land meiner Geburt. Ungeheuer sympathisch wie Willi Wolff Zugänglichkeit und Anerkennung ausstrahlt. Eben ein Rabbiner mit menschlicher Wärme und Interesse für diesen Neuanfang. Auf die erste Anfrage – der Druck schien mir damals noch größer auf den Gemeinden in Sachsen zu liegen – erteilten meine sächsischen Freunde rasch eine Absage. Höflich, zwischen umwundenen Worten zählte wohl sein kalendarisches Alter zu sehr.

Die Hohen Feiertage im Herbst 1998 standen vor der Tür. Wer würde die Gottesdienste führen? Wieder zeigte sich bei meinen Gemeinden im Norden kein Licht am Horizont. Ich verkünde, es diesmal entschiedener anzugehen. Auf meine ganz persönliche Empfehlung reagierten Valerij Bunimov und Channa Rott sel. A. in Schwerin überraschend positiv. Diesen Engländer unter unseren russisch-jüdischen Mitgliedern zu akzeptieren, stand für die Jüdische Gemeinde Schwerin sofort außer Frage. Zweifel galten nur dem Budget. Als Gast ab und zu, das ging noch an. Das Honorar fiel nicht hoch aus. Doch kontinuierliche Bezahlung?

Frau Finanzminister Sigrid Keler – ich kannte sie aus Barth – testete die Zuständigkeit des Zentralrats. Gerade bei ihr begriff ich gut, wofür sie Verantwortung trug. Nachdenklichkeit, Austausch überzeugender Argumente: von Ablehnung konnte keine Rede mehr sein. Herr Ministerialrat Ulrich Hojczyk vom Kultusministerium stand allen Vorschlägen offen gegenüber. Sogar eine alte Praxis zur Landesstütze für Religionslehrer, die längst vergessene legitime Ansprüche wie aus der »Mottenkiste« des Großherzogtums erscheinen lassen, wird herangezogen (gem. Grundgesetz Art. 140 in Verbindung mit der Weimarer Reichsverfassung, Art. 138, Abs. 1 sind diese Ansprüche nach wie vor Bestandteil des deutschen Staatskirchenrechts). Kultusminister Peter Kauffold achtete sehr aufmerksam darauf, dass die jüdische Perspektive nicht nur eine politische Dimension hatte. Ein weiterer Professor und Staatssekretär im Sozialministerium, Axel Azzola sel. A., sah plötzlich diesen jüdischen Gast aus London nicht in seinem Schatten, sondern im Licht des Schweriner Betraums und schwelgte geradezu. Zunehmend fanden unsere Bemühungen Verständnis. Wie man den regionalen Menschenschlag kennt: es verschmolzen Bedachtsamkeit und Herzlichkeit. Die Entscheidung stimmte mit dem Willen der Gemeindemitglieder überein. Die unabdingbare Finanzierung wurde aufgebracht, schließlich lebt auch ein Rabbiner nicht allein von Luft und Liebe. Und das funktioniert nun schon seit zehn Jahren. Keiner lässt von unserem Landesrabbiner. Warum auch? Er findet doch gerade wegen seines Alters die Lebensklugheit für das, was wir suchen: Verständnis, Trost und Zuversicht.

William Wolff wurde 1927 in Berlin geboren, flüchtete mit seinen jüdischen Eltern und Geschwistern 1933 vor den Nationalsozialisten in die Niederlande, später nach England. Dort arbeitete er, nach seinem Studium zum Nationalökonom, über 25 Jahre als Journalist bei kleinen und großen Tageszeitungen, u.a. beim Daily Mirror. Er spezialisierte sich zunächst auf die Innenpolitik, später auf die Außenpolitik Großbritanniens in Bezug auf den Beitritt zur Europäischen Gemeinschaft. Mit Anfang 50 wechselte er den Beruf, absolvierte ab 1979 fünf Jahre am Leo Baeck College in London das Rabbinerseminar und amtierte dann als Rabbiner, zuletzt bei der größten Süd-Londoner Synagoge in Wimbledon.

In den späten 1990er Jahren wurde er mehrmals als Gastprediger in die Gemeinden Schwerin und Rostock eingeladen. Im März 2002, nach rund 68 Jahren, kam er nach Deutschland zurück und übernahm als erster Landesrabbiner seit den 1930er Jahren die Gemeinde in Mecklenburg-Vorpommern.

Die ca. 2.000 Gemeindemitglieder in Schwerin, Rostock und Wismar, die bis auf drei Ausnahmen alle aus den Ländern der ehemaligen Sowjetunion stammen, mussten das Judentum neu begreifen, so wie sich auch der Rabbiner mit den Einwanderern, ihrer Sprache und Kultur vertraut machen musste.

Heute ist William Wolff neben dem Rabbiner Henry G. Brandt in Augsburg der einzige jüdische Geistliche in Deutschland, der vor dem Zweiten Weltkrieg in Deutschland geboren wurde.
Wolff vertritt die liberale deutsch-jüdische Tradition, die im Holocaust fast ganz vernichtet wurde. Er sagt heute, er sei „stolz, ein deutscher Jude zu sein".

William Wolff erhielt für seine Verdienste beim Aufbau der Jüdischen Gemeinde im Nordosten den Siemerling-Sozialpreis des Dreikönigsvereins Neubrandenburg und die Ehrendoktorwürde der Greifswalder Universität. Er wurde weiterhin für seine Verdienste um Demokratie und Toleranz mit dem Bundesverdienstkreuz ausgezeichnet. 2005 wurde er zum stellvertretenden Vorsitzenden der Allgemeinen Rabbinerkonferenz gewählt.

William Wolff gilt vielen Juden und Nichtjuden als Seelsorger und wichtiger Gesprächspartner, als ein Vorbild, wenn es darum geht, Vorurteile, Diskriminierung und Fremdenfeindlichkeit abzubauen.
Manuela Koska-Jäger

Aus der Geschichte der Jüdischen Gemeinde von Schwerin

Bernd Kasten, Leiter des Stadtarchivs Schwerin

Nach der Vertreibung der Juden aus Mecklenburg am Ende des Mittelalters siedelten sich erst seit 1679 wieder Juden in Schwerin an. 1717 wurde auf dem Schelffeld vor der Stadt ein jüdischer Friedhof angelegt. Besaß ursprünglich nur der aus Glückstadt stammende Hofjude Michel Hinrichsen eine Handelserlaubnis, wurde die Zulassungspraxis der herzoglichen Regierung seit der Mitte des 18. Jahrhunderts zunehmend liberaler. 1763 lebten bereits 25 jüdische Familien in der Stadt. 1773 wurde die erste Synagoge errichtet. Das Wachstum der Jüdischen Gemeinde führte zu Protesten der christlichen Kaufleute gegen die unerwünschte Konkurrenz, die 1819 sogar zu heftigen antisemitischen Ausschreitungen führten.

Mit dem Aufkommen der liberalen Ideen des Vormärz änderte sich die Stimmung in der städtischen Bevölkerung. Das 19. Jahrhundert bildete den Höhepunkt jüdischen Lebens in Schwerin. Die über 300 Mitglieder zählende Gemeinde war die größte in Mecklenburg-Schwerin. Auch der Landesrabbiner hatte hier seinen Sitz. Schritt für Schritt erhielten die Juden die gleichen Rechte wie ihre christlichen Mitbürger. Anfang des 20. Jahrhunderts setzte der Niedergang der Jüdischen Gemeinde ein. Angesichts der geringen wirtschaftlichen Dynamik der Stadt verließen viele Juden Schwerin. Bereits 1910 lebten nur noch 218 Juden in der Stadt. Zunehmende Spannungen zwischen ärmeren, aus Osteuropa stammenden Juden, und den meist wohlhabenderen deutschen Juden führten 1924 zum Austritt von 34 Gemeindemitgliedern und zum Umzug des Landesrabbiners nach Rostock.

Im Dezember 1932 gehörten der Jüdischen Gemeinde noch 45 Erwachsene und 21 Kinder an. Nach der Machtübernahme der Nationalsozialisten 1933 verließen viele die Stadt und flohen ins Ausland. Jüdische Geschäftsleute wurden durch Boykott, behördliche Schikanen und Gewalt zur Aufgabe gezwungen. In den Morgenstunden des 10. November 1938 wurde die Synagoge verwüstet und bald darauf abgerissen. Am 10. Juli und am 11. November 1942 deportierte die Gestapo insgesamt 17 Juden nach Auschwitz und Theresienstadt. Nur eine kleine Gruppe, die mit Nichtjuden verheiratet waren, blieb verschont, einstweilen.

1946 gründeten einige überlebende Juden in Schwerin die Jüdische Landesgemeinde. Die meisten von ihnen stammten nicht aus Mecklenburg, sie hatte es nach dem Krieg zufällig hierher verschlagen. Für die kleine Gemeinde, die weniger als hundert über ganz Mecklenburg-Vorpommern verstreute Mitglieder zählte, genügte der Betsaal im Gemeindehaus in der Schlachterstraße 3. Auf einen Wiederaufbau der Synagoge wurde verzichtet. Der Schwerpunkt der Gemeindeaktivitäten lag in der Beteiligung an Gedenkveranstaltungen zum Novemberpogrom oder zur Befreiung des KZ Auschwitz, die stets vor vielen Menschen stattfanden. Gottesdienste dagegen fanden in Schwerin nur noch selten statt. Nach dem Tod des Gemeindevorsitzenden Alfred Scheidemann im Jahr 1972 kam das Gemeindeleben fast völlig zum Erliegen. Die Zahl der Schweriner Juden nahm weiter ab, so dass das Gemeindehaus 1987 schließlich an den Rat der Stadt übergeben wurde, mit der Bitte, eine Gedenkstätte in ihm zu errichten.

Nach 1990 kamen zahlreiche Juden aus der ehemaligen Sowjetunion nach Schwerin und gründeten wieder eine Jüdische Gemeinde, deren neue Synagoge auf den Fundamenten des alten, 1773 erbauten und 1938 abgerissenen Gotteshauses entstand.

William Wolff in seinem Büro der Jüdischen Gemeinde Schwerin, Mai 2010

Danksagung

Rabbiner William Wolff schrieb im Februar 2009 einen Brief für den Gemeindegottesdienst, »Gott der Sichtbare«, der mit dem Satz: »Ich habe heute Gott gesehen« beginnt. Für diesen und alle folgenden Briefe, für unsere Begegnungen und die stets bereitwillige Unterstützung bin ich Rabbiner Wolff in Dankbarkeit zutiefst verpflichtet.

Aber nicht nur Rabbiner Wolff, sondern auch den jüdischen Gemeindemitgliedern ist es zu verdanken, dass dieses Buch in seiner vorliegenden Form entstehen konnte. Sie schenkten mir ihr Vertrauen und ihre Bereitschaft, über sich zu sprechen. Irina Basina und Jana Kirchner von der Jüdischen Gemeinde Schwerin halfen bei neuen Kontakten und Informationen, an die ich sonst nicht gelangt wäre. Irina möchte ich ganz besonders danken; sie begleitete Gespräche, übersetzte Texte, lud mich zu Veranstaltungen und Kindergottesdiensten ein und half mir, Erklärungen zur jüdischen Kultur zu finden. In diesem Zusammenhang auch mein herzlicher Dank an Ronny Y. Rohde.

Mein großer Dank gilt Dr. Peter Fischer, Vertreter des Zentralrates der Juden in Deutschland, Berlin, und Dr. Hermann Simon, Direktor der Stiftung Neue Synagoge Berlin – Centrum Judaicum, für die Herstellung von Kontakten und für ihre inhaltliche und fachliche Unterstützung. Ebenso danke ich der Verlegerin Dr. Nora Pester und dem Lektor Frank-Rainer Mützel für die gute Zusammenarbeit.

Ich danke Herrn Dr. Armin Jäger vom Vorstand des Fördervereins Jüdisches Gemeindezentrum Schwerin e.V. für seine Mühe und Unterstützung.

Ein herzliches Dankeschön der Germanistin Christine Gessler-Unthan, Erfurt, die mich bei der textlichen Umsetzung unterstützte, sowie der Judaistin Susanne Marquardt, Berlin, für die notwendige Weitsicht und Ermutigung.

Danken möchte ich weiterhin Ulrich Hojczyk, Ministerium für Bildung, Wissenschaft und Kultur Mecklenburg-Vorpommern, Regine Marquardt und Mathias Rautenberg, Stiftung Mecklenburg, sowie Frank Schröder, Max-Samuel-Haus Rostock, und Dr. Bernd Kasten, Stadtarchiv Schwerin.

Besonderer Dank gilt meinem Mentor der Fotografie, Dipl.-Fotographiker Walter Hinghaus, und Dipl.-Designer Felix Conradt, der mehr als nur die graphische Umsetzung des Projektes leistete, sondern auch mit unschätzbaren Anregungen half.

Schließlich danke ich meinen Freunden und all jenen, die das Projekt durch Ihre Anregungen und ihre Hilfe unterstützt haben. Ich danke ganz besonders meiner Familie.

Glossar

Aschkenasen sind all diejenigen Juden, die sich sprachlich und kulturell auf die mittelalterlichen jüdischen Gemeinden entlang des Rheins zwischen dem Elsaß und dem Rheinland zurückführen, eine Region, die im Hebräischen als »Aschkenas« bezeichnet wurde. Zu den Aschkenasen zählen die meisten jüdischen Gemeinden West-, Zentral- und Osteuropas sowie sehr viele amerikanische und israelische Gemeinden.

Bar Mitzwa (»Sohn der Pflicht«) Im Alter von 13 Jahren erlangen die Knaben ihre Religionsmündigkeit, die mit einer Zeremonie in der Synagoge bekräftigt wird.

Bima Der Platz in einer Synagoge, von dem aus die Torah während des Gottesdienstes verlesen wird.

Chanukka (»Einweihung«). Achttägiges Lichterfest zur Erinnerung an die Rückeroberung und Wiedereinweihung des zweiten Tempels im Jahre 165 v. u. Z.

Chanukkia ist ein neunarmiger Leuchter, dessen Lichter während des achttägigen Chanukka-Festes nacheinander angezündet werden.

Dreidel ist ein Kreisel mit vier Seiten und hebräischen Buchstaben. Traditionelles Spielzeug, mit dem die jüdischen Kinder während des achttägigen Lichterfestes Chanukka spielen.

Haggada bedeutet »die Erzählung« und bezeichnet im engeren Sinne die Pessach-Haggada, ein Text der rabbinischen Literatur in hebräischer und aramäischer Sprache, der vom Auszug des Volkes Israel aus Ägypten berichtet und eine Handlungsanweisung für das Festmahl der Familie am Seder-Abend darstellt, an dem die Pessach-Haggada gemeinsam gelesen und gesungen wird.

Hezekiel, auch **Ezechiel**, ist ein Prophet aus dem Alten Testament.

Chinuch ist ein hebräisches Wort für Erziehung.

Jecke sind die deutschsprachigen jüdischen Einwanderer der 1930er-Jahre in Palästina und ihre Nachkommen im heutigen Israel.

Jesaja ist einer der großen Schriftpropheten des Tanach, der hebräischen Bibel.

Jeschiwa ist eine Einrichtung für das Studium der klassischen Texte des Judentums. Hier werden die Torah, rabbinische Literatur wie die Mischna und Talmud, Responsen, Musarliteratur aber auch jüdische Philosophie und jüdische Mystik gelehrt und gelernt.

Jiddisch ist eine Sprache aschkenasisch-jüdischen Ursprungs, die sich aus dem Mittelhochdeutschen entwickelt hat. Sie enthält hebräische und slawische Elemente sowie Reste romanischer Einflüsse und wird in hebräischen Lettern geschrieben.

Jom Kippur ist der »Sühnetag« und »Versöhnungstag«, der wichtigste jüdische Feiertag. Ein Tag des Fastens und Betens um Vergebung der Sünden gegenüber Gott und den Mitmenschen.
Rabbiner Wolff: Ein Tag des 24stündigen Fastens, ohne Tropfen Wasser oder Krümel Brot, gewidmet der Reue über begangene Sünden gegenüber Gott und Mitmenschen, mit Gottesdiensten, die neun bis zehn Stunden andauern.

Kaddisch ist eines der zentralen Gebete im Judentum und hat die Heiligung und Lobpreisung Gottes zum Thema. Es spielt in unterschiedlichen liturgischen Zusammenhängen eine Rolle und wird außerdem zum Totengedenken gesprochen.

Kermani, Navid geboren 27. November 1967 in Siegen; deutsch-iranischer Schriftsteller, promovierter Islamwissenschaftler und Mitglied der Deutschen Islamkonferenz.

Kiddusch wird im Deutschen mit »Heiligung« wiedergegeben und bezeichnet den Segensspruch am Schabbat oder einem anderen jüdischen Feiertag, der über einen Becher mit Wein oder Traubensaft gesprochen wird, um den Tag zu heiligen.

Koscher sind die nach den jüdischen Speisegesetzen erlaubten und zubereiteten Speisen.

Maimonides (1135–1204) ist der bedeutendste jüdische Religionsphilosoph des Mittelalters.

Pessach ist eines der drei Wallfahrtsfeste im Judentum und erinnert an den Auszug der Israeliten aus Ägypten.

Schabbat Für gläubige Juden ist jegliche Arbeit am Schabbat verboten. Der Schabbat ist ein Ruhe- und ein Festtag, der die Juden an die Erschaffung der Welt durch Gott und an die Offenbarung Gottes am Berg Sinai erinnert.

Schawuot ist das sogenannte Wochenfest, das 50 Tage nach Pessach stattfindet und an den Empfang der Zehn Gebote am Berg Sinai erinnert. Schawuot wird auch als »Chag ha-Kazir« (Fest der Ernte) oder als »Yom ha-Bikurim« (Tag der Erstfrüchte) bezeichnet, wodurch auf seine Bedeutung als Erntefest verwiesen wird.

Sonntagsschule bezeichnet hier den Religionsunterricht der jüdischen Gemeinde für Kinder und Jugendliche.

Torah bedeutet »Lehre« und ist der erste Teil der hebräischen Bibel, der aus den fünf Büchern Mose (griechisch: Pentateuch) besteht.

Zizijot sind sogenannte Schaufäden. Sie sind an den vier Ecken des jüdischen Gebetsschals (Tallit) oder anderen rechteckigen Kleidungsstücken angebrachte Quasten, die den Gläubigen stets an Gottes Gebote erinnern sollen.

Die Herausgeberin / Fotografin

Manuela Koska-Jäger, geboren 1969 in Rüdersdorf bei Berlin, arbeitete, nach einer handwerklichen Ausbildung, 15 Jahre in der Druck- und Reprografiebranche, bevor sie sich der Fotografie, mit Schwerpunkt Portrait und Reportage, widmete. Sie ist freiberuflich tätig und lebt in Pinnow, bei Schwerin.